fruchtig süß

FRISCHE PATISSERIE-IDEEN

fruchtig süß

FRISCHE PATISSERIE-IDEEN

Kris Goegebeur
Fotografie: Joris Devos

Inhalt

Vorwort	7
Der Autor	7
Foodpairing – eine verführerische Idee	9

1 Äpfel — 10
Sorten — 17
Rezepte mit Äpfeln — 20
Foodpairing mit Äpfeln — 48

2 Birnen — 50
Sorten — 56
Rezepte mit Birnen — 58
Foodpairing mit Birnen — 74

3 Pflaumen — 80
Sorten — 87
Rezepte mit Pflaumen — 88
Foodpairing mit Pflaumen — 100

4 Kirschen — 104
Sorten — 111
Rezepte mit Kirschen — 112
Foodpairing mit Kirschen — 126

5 Pfirsiche, Aprikosen, Nektarinen — 130
Sorten — 135
Rezepte mit Pfirsichen, Aprikosen und Nektarinen — 136

6 Rote Früchte — 152
Sorten — 158
Rezepte mit roten Früchten — 160
Foodpairing mit roten Früchten — 180

7 Beeren — 186
Rezepte mit Beeren — 192
Foodpairing mit Roten Johannisbeeren — 200

8 Rhabarber — 204
Rezepte mit Rhabarber — 208
Foodpairing mit Rhabarber — 212

Grundrezepte — 216
Meine Lieferanten — 221
Register der Rezepte — 222

Vorwort

Kuchen und Gebäck mit Früchten zu backen, ist wirklich nicht schwierig. Das eigentliche Geheimnis ist die Auswahl der besten Früchte. Eine Tarte Tatin mit Boskop-Äpfeln schmeckt völlig anders als die gleiche Tarte mit Jonagold. Das frische, bitter-süße Aroma von Jonagold harmoniert perfekt mit dem Karamellgeschmack der Tarte. Außerdem ist Jonagold ein fester Apfel, der beim Backen Form und Struktur behält. Damit holen Sie nicht nur einen optisch, sondern auch geschmacklich hervorragenden Kuchen aus dem Backofen! Der Meisterpatissier Kris Goegebeur sucht ständig nach neuen Aromen und Texturen, die sich harmonisch miteinander kombinieren lassen. Dabei unterstützen ihn passionierte Obstbauern, die Früchte bester Qualität liefern. In diesem Buch betrachtet er acht Obstarten und stellt die jeweils besten Sorten vor. Einige davon tauchen in den Rezepten auf, die das Kapitel beschließen. Die Auswahl ist keineswegs zufällig, sondern folgt seinem Bestreben, nur die bestmöglichen Kombinationen für ein bestimmtes Rezept zu finden. Dabei wird er von Bernard Lahousse unterstützt. Er hat sich auf das Foodpairing spezialisiert: Dabei werden die Zutaten zusammengestellt, die in Geschmack und Aroma optimal zueinanderpassen. Sie finden für jede Fruchtart in diesem Buch einen „Foodpairing-Baum". Die Äste zeigen, mit welchen Zutaten die jeweiligen Früchte am besten kombiniert werden können. Manche dieser Kombinationen liegen auf der Hand, andere ganz und gar nicht! Kris Goegebeur hat Hunderte von Kombinationen zusammengestellt und Aroma und Geschmack getestet – das Ergebnis ist einzigartig!
Dieses Buch stellt Ihnen 60 unterschiedliche Kombinationen von Früchten und Gebäck vor. Alle sind überraschend und absolut köstlich!

Der Autor

Kris Goegebeur ist ein Patissier mit Herz und Seele, der seine Konditorei in Roeselare mit Leidenschaft betreibt. Er hat drei Jahre gelernt und dann sein Können bei den besten Patissiers Belgiens vertieft, unter anderem bei Mahieu in Brüssel. Während seiner Urlaube arbeitete er bei ebenso berühmten Meister-Konditoreien im Ausland: bei Van Wely in den Niederlanden und l'Hermitage in Frankreich. Den letzten Schliff – Kurse zu Eisskulpturen – erhielt er bei dem preisgekrönten Brüsseler Konditor Herman van Dender. Kris Goegebeur sucht leidenschaftlich immer wieder neue Aromen und Texturen, die er zu faszinierenden Kreationen kombiniert. Sowohl seine Kunden als auch seine Kollegen loben seine Arbeit. In den Jahren 1998 und 2001 gehörte er zu den zehn besten Konditoren Belgiens, 2009 war er unter den besten fünf. 2005 erschien sein Buch *Pastry Party* und 2010 wurde er von der Belgischen Vereinigung der Bäcker und Konditoren zur „Persönlichkeit des Jahres" gekürt. Schließlich folgte 2011 seine Nominierung für den Preis des besten Bäckereibetriebs – dieser wird Bäckern verliehen, die sich durch innovative und verkaufsfördernde Leistungen auszeichnen. Seit Oktober 2012 gibt er Back- und Konditorkurse sowie für die Herstellung von Schokolade und Eis. Seit 2013 ist er als Berater der Belgischen Vereinigung der Bäcker und Konditoren bestellt.

Beim Foodpairing werden aufregende neue Kombinationen für Speisen und Getränke kreiert.

Die Rezepte, die Patissier Kris Goegebeur in diesem Buch präsentiert, hat er auf der Grundlage des Foodpairings komponiert.

Das Konzept des Foodpairings wurde in den 1990er-Jahren von Heston Blumenthal und François Benzi entwickelt; sie waren für Forschung und Entwicklung bei dem Unternehmen Firmenich verantwortlich. Unter anderem entstand dabei auch ein Gericht, das zu einem von Hestons Markenzeichen wurde – die Kombination von Schokolade und Kaviar. Das Konzept geht davon aus, dass Lebensmittel optimal zueinanderpassen, wenn ihre prägenden Aromen gleich oder doch ähnlich sind. Die molekulare Zusammensetzung dieser Aromastoffe wird mit modernsten Geräten ermittelt. Einfach ausgedrückt: Jedes Foodpairing beginnt mit der wissenschaftlichen Analyse seiner Aromen.

Damit liefert das Foodpairing die Voraussetzung, aufregende neue Gerichte und/oder Getränke zu kreieren. Die ausgesuchten Kombinationen basieren nicht auf Intuition des Kochs oder der Abwandlung existierender Gerichte, sondern auf wissenschaftlicher Analyse. Die Ergebnisse der Analyse werden genutzt, um objektiv potenziell interessante „Hochzeiten" der Aromen mit überraschender Wirkung zu arrangieren – um es vorsichtig auszudrücken.

Glücklicherweise ist es nicht nötig, den wissenschaftlichen Hintergrund zu verstehen, um das Foodpairing anzuwenden. Mögliche Kombinationen eines bestimmten Produkts werden übersichtlich in einem Kreisdiagramm („Foodpairing-Baum") dargestellt. Solche Bäume finden Sie auch unter www.foodpairing.com.

Ein Foodpairing-Baum stellt eine bestimmte Zutat ins Zentrum und stellt ihr eine unmittelbar visuell erfassbare Liste der möglichen Zutaten gegenüber, gruppiert nach Kategorien. Jeder „Zweig" des Baums entspricht einer Kategorie – Milchprodukte, Fleisch, Kräuter/Gewürze usw. Klickt man eine dieser Kategorien an, zeigen sich mehrere Unterkategorien. Bei Kräutern/Gewürzen wären das beispielsweise Kräuter, Gewürze, Blüten und Pflanzen. Die Entfernung der Produkte vom Zentrum (innerhalb einer Kategorie) bestimmt die Kompatibilität: Je kürzer der Abstand, desto besser lassen sie sich kombinieren.

1 Äpfel

Äpfel

Keuleman, Bakker Parmentier, Trezeke Meyers, Eysdener Klumpke, Schone van Boskoop, Lombarts Calville – diese klingenden Namen bezeichnen alte, holländische Apfelsorten. Im Garten meiner Großeltern waren sie vielleicht noch zu finden, doch in den vergangenen Jahren sind immer mehr der alten Sorten verschwunden. Heute kennt sie kaum noch jemand. Die alten Apfelsorten wachsen als Hochstamm oder Halbstamm, brauchen also viel Abstand zueinander. Für den Obstbauern bedeutet das weniger Bäume pro Fläche. Die meisten Apfelsorten, die heute im Laden angeboten werden, stammen von Spalierobstbäumen, die weniger Platz beanspruchen und rascher eine Ernte liefern. Außerdem wurden sie nach wirtschaftlichen Gesichtspunkten gezüchtet: einige sind frostresistent, andere haben einen knackigeren Biss, lassen sich länger lagern oder sind widerstandsfähiger gegen Schädlinge bis völlig schädlingsresistent. Und schließlich sollen sie auch gut schmecken.

Alte Apfelsorten brauchen länger bis zur ersten, sich wirtschaftlich lohnenden Ernte, sind häufig anfälliger gegenüber Schädlingen und pflegeintensiver. Kein Wunder, dass sie fast völlig aus den Regalen verschwunden sind und durch neue Sorten ersetzt wurden. Andererseits gehören alte Apfelsorten zu unserem Kulturerbe und wir sollten sie schätzen und bewahren. Deshalb haben wir uns entschieden, sowohl Rezepte mit alten, als auch mit neuen Sorten aufzunehmen.

Der Apfel hat sich bereits in prähistorischer Zeit von seinem Ursprung in Kleinasien über weite Teile Europas ausgebreitet. In der Steinzeit wurden Äpfel in Stücke geschnitten, getrocknet und auf diese Weise haltbar gemacht. Der Europäische Wildapfel (*Malus sylvestris*) aus Sibirien und Nordchina und *Malus pumila* aus dem Kaukasus waren die Stammformen für über 7.500 bekannte Apfelsorten.

Die Chinesen erfanden das Pfropfen und über den Handel und die Kolonialisierung wurden Samen und Pfropfreiser nach und nach über die ganze Welt verteilt. So entstanden viele lokale Apfelsorten, die optimal an ein bestimmtes Klima und den Geschmack der Menschen angepasst waren.

Kaufen

Suchen Sie nach festen Äpfeln ohne welke Stellen oder Druckstellen. Wenn die Schale beim Druck nachgibt, ist der Apfel überreif. Trockene, braune Flecken bedeuten, dass der Apfel zu viel Sonne abbekommen hat, sie haben aber keinen Einfluss auf die Qualität. Frische Äpfel sollten sich schwer anfühlen (wie Melonen), dann sind sie saftig.

Lagern

Frisch geerntete Äpfel werden am besten in Zeitungspapier eingewickelt und an einem kühlen, dunklen Ort gelagert. Gekaufte Äpfel gehören in einen Korb und sollten so schnell wie möglich verarbeitet werden. Etwas länger halten sich die Äpfel im Gemüsefach des Kühlschranks. Darin bleiben sie frisch und knackig – allerdings nicht für ewig! Äpfel wollen sorgfältig behandelt werden. Sie dürfen sich nicht gegenseitig zerdrücken, sonst entstehen Druckstellen und die Äpfel beginnen zu faulen. Äpfel dürfen nie zusammen mit anderem Obst oder Gemüse lagern, denn sie geben große Mengen Ethylen ab. Dieses gasförmige Pflanzenhormon fördert die Reife und den Zerfall anderer pflanzlicher Produkte. Vor allem Auberginen, Brokkoli, Pilze, Gurken und Kohl reagieren intensiv auf Ethylen.

Backen

Sobald sie aufgeschnitten sind, werden Äpfel sehr schnell braun. Der Zerfall geht noch schneller, wenn sie mit einem Eisenmesser statt mit rostfreiem Stahl geschnitten werden. Deshalb werden Apfelstücke unmittelbar nach dem Zerschneiden mit Zitronen- oder Limettensaft abgerieben oder in eine Schale mit Zitronensaft gelegt. Werden die Äpfel nicht sofort aufgeschnitten, halten sie sich sehr gut in einer Schüssel mit schwach gesalztem Wasser oder mit Zitronen-/Limettensaft. Vor Gebrauch abtropfen lassen und mit einem weichen Tuch trocken reiben.

Sorten – eine Auswahl

01 SCHÖNER AUS BOSKOOP (BOSKOP)

Wahrscheinlich wurde diese Sorte erstmals 1853 von einem Gärtner im holländischen Dorf Boskoop gezüchtet; er ist auch unter seinem alten Namen *Renette von Montfort* bekannt. Er hat festes, säuerliches Fruchtfleisch, die Farbe der Schale changiert zwischen einem matten Gelb bis Hellrot. Wegen seiner Härte wird Boskop gern für warme Rezepte genommen. Auch beim Backen behält er Aroma und Struktur.

02 BRAEBURN

Braeburn ist eine neuseeländische Kreuzung zwischen *Granny Smith* und *Lady Hamilton*. Der Apfel ist ziemlich groß und schimmert rötlich vor orangegelbem bis gelbem Hintergrund. Das Fleisch ist fest, etwas mehlig und cremeweiß bis gelbweiß gefärbt. *Braeburn* eignet sich sehr gut zum Essen und für Backwaren.

03 GOLDEN DELICIOUS

Golden Delicious ist die beliebteste Apfelsorte. Sie stammt aus den USA, wo sie mehr oder weniger zufällig gezüchtet wurde. Der Apfel ist hellgrün bis goldgelb gefärbt und hat festes Fruchtfleisch mit leicht säuerlichem bis süßem Geschmack. Er behält seine Konsistenz auch beim Backen.

04 GOLDRUSH

Goldrush ist eine moderne Sorte, die erst in den 1970er-Jahren in den USA gezüchtet wurde. Der Apfel ist goldgelb gefärbt, mit einem leichten Bronzeglanz. Das Fleisch hat ein komplexes, vollmundiges Kräuteraroma mit einem ausgesprochen süß-sauren Geschmack. Der Apfel ist fest und behält auch beim Backen seine Form.

Sorten – eine Auswahl

05 JONAGOLD

Jonagold wurde 1953 in New York State als Kreuzung aus *Golden Delicious* und *Jonathan* gezüchtet. Es ist ein großer Apfel mit grüngelber Schale und rötlichem Glanz. Sein Fruchtfleisch ist knackig, saftig und aromatisch, der Geschmack ist süß-sauer. Auch dieser Apfel behält im Backofen Form und Struktur.

06 KEULEMAN*

Der seltene *Keuleman*-Apfel wurde wahrscheinlich in Belgien oder Deutschland gezüchtet. Er wurde viele Jahrhunderte in der belgischen Provinz Limburg kultiviert, wächst aber auch in Flandern. Die kleinen, länglichen Äpfel mit der charakteristisch konischen Form wachsen auf Hochstämmen. Die Schale ist graugrün, fast erdig, und schimmert purpurrot bis karminrotrosa. Sein grün-weißes Fleisch ist fest, wenig saftig und hat kein ausgesprochenes Aroma. Damit ist er ein idealer Partner für andere Aromen und sehr gut für Kuchen und Gebäck geeignet. Keuleman ist gut lagerfähig.

* Alternativ verwendbar: Kaiser Wilhelm, Lautertaler Waldapfel

07 PINOVA

Pinova ist eine Kreuzung zwischen *Clivia* und *Golden Delicious*. Es ist ein mittelgroßer Apfel mit rotem bis orangefarbenem Glanz vor gelbem Hintergrund. Das Fleisch ist knackig und saftig mit einem süß-sauren Geschmack. Eine seiner besten Eigenschaften ist die Härte, die lange erhalten bleibt. Pinova ist ein idealer Tischapfel, er behält aber auch im Backofen seine Form und Struktur.

08 BAKKER PARMENTIER*

Angeblich wurde diese Apfelsorte 1830 – das Jahr, in dem Belgien unabhängig wurde – von einem Herrn Parmentier in Enghien vorgestellt. Es ist ein mittelgroßer, runder Apfel mit einem angenehm sauren Geschmack und kräftigem Aroma. Er ist kaum im kommerziellen Angebot vertreten.

* Alternativ verwendbar: Adamsapfel, Neckartaler

09 COLAPUIS*

Der *Colapuis* ist eine alte französische Sorte, ein mittelgroßer, leuchtend roter Apfel mit konischer Form. Das Fruchtfleisch ist weiß und schmeckt süß mit einem süßsauren Aroma. In Frankreich wird er bevorzugt zu Apfelsäften, Cidre oder Kompott verarbeitet. Er ist kaum im kommerziellen Angebot vertreten.

* Alternativ verwendbar: Avrolles, Berner Rosenapfel

10 RENET DE FLANDRE*

Auch *Renet de Flandre* ist eine alte französische Sorte. Die Frucht ist relativ klein mit einer grauen Grundfarbe mit hellrotem Glanz auf der Sonnenseite. Das Fleisch ist weiß und knackig, sehr saftreich und schmeckt leicht säuerlich. Ein guter Tischapfel, der auch zu Kuchen, Gebäck und Kompott verarbeitet werden kann. Er ist kaum im kommerziellen Angebot vertreten.

* Alternativ verwendbar: Brettacher, Grüner Wissinger, Kleiner Feiner

11 LOMBARTS CALVILLE

Diese Sorte wurde erstmals 1906 von Pierre Lombarts in dem Dorf Zundert nahe der niederländischen Grenze gezüchtet. Der mittelgroße Apfel ist breiter als hoch und hat eine leuchtend grüne Farbe. Sein Fleisch ist cremigweiß, knackig, wenig saftig und mit einem Hauch Säure. Dank seiner Festigkeit eignet er sich besonders gut für warme Rezepte.

12 COX ORANGE

Cox Orange ist eine alte englische Sorte, die von Richard Cox 1825 im Dorf Colnbrook gezüchtet wurde. Die Frucht ist klein bis mittelgroß und hat eine orange-gelbe Schale mit rotem Glanz. Ihr gelbes Fleisch ist saftig und aromatisch. Cox Orange ist ein idealer Dessertapfel, er passt aber auch in Salate, Kuchen und Gebäck.

 *Keuleman*

Apfel-Walnuss-Kuchen

ZUTATEN
(für 6 Personen)

Apfelmarmelade:
70 ml Apfelsaft
70 g Zucker
10 g Pektin

Mürbeteig (siehe Seite 220)
300 g Frangipancreme
(siehe Seite 219; statt mit Mandeln mit Walnüssen zubereitet)
200 g Cremefüllung
(siehe Seite 217)
10 Keulemans-Äpfel

Garnieren:
8 Walnüsse
100 g fein gemahlene Biskuitkrümel

Außerdem:
Backform (20 cm Durchmesser)
Spritzbeutel (Öffnung 8 mm)

* Alternativ verwendbar:
Kaiser Wilhelm, Lautertaler Waldapfel

ZUBEREITUNG

Apfelmarmelade: Alle Zutaten vermischen und zum Kochen bringen. Dann 2 Minuten simmern lassen.
Backofen auf 200 °C vorheizen.
Mürbeteig ausrollen und eine Backform (20 cm Durchmesser) damit auslegen. Einen Spritzbeutel (Öffnung 8 mm) mit der Frangipancreme füllen und auf dem Kuchenboden verteilen. Die Cremefüllung gründlich schlagen und die Form damit auffüllen. Äpfel schälen, entkernen und in Scheiben schneiden; gleichmäßig überlappend auf der Creme verteilen. Den Kuchen 45 Minuten im warmen Ofen backen.
Kuchen abkühlen lassen, mit Apfelmarmelade bestreichen und mit den Walnüssen garnieren. Auch die Seiten mit Marmelade bestreichen und abschließend die Biskuitkrümel auf die Marmelade streuen.

 Cox Orange

Liebesäpfel

ZUTATEN
(für 10 Stück)

1 Cox-Orange-Apfel
100 m Zitronensaft
100 g Marzipan
300 g Isomaltzucker
(am besten im Internet bestellen)
2 g rote Lebensmittelfarbe
ausgeschabtes Mark von
1 Vanillestange

Außerdem:
Cocktailspieße
Styroporblock

ZUBEREITUNG

Den Apfel schälen und mit einem Kugelausstecher zehn Kugeln aus dem Fruchtfleisch schneiden. In Zitronensaft eintauchen und auf ein trockenes Tuch legen. Das Marzipan auf 2 mm Dicke ausrollen und Kreise ausstechen. Die Kreise sollen so groß sein, dass man die Kugeln vollständig darin einhüllen kann. Die Apfelkugeln in das Marzipan einwickeln. Kugeln auf Cocktailspieße stecken und trocknen lassen.
Isomaltzucker in einem kleinen Topf schmelzen, Vanillemark und rote Lebensmittelfarbe einrühren. Die Masse zum Kochen bringen, dann die Hitze auf 140 °C reduzieren. Apfelkugeln in die Zuckermasse eintauchen und zum Aushärten des Zuckers aufrecht hinstellen (Cocktailspieße in einen Styroporblock stecken).

Lombarts Calville

Apfelkuchen mit Plunderteig

ZUTATEN
(für 6 Personen)

600 g Lombarts-Calville-Äpfel
100 g zimmerwarme Butter
100 g Zucker

je ein Blatt 1 x 20 cm und
1 x 24 cm Plunderteig
(siehe Seite 216)
2 Eigelb
200 g Cremefüllung
(siehe Seite 217)
Puderzucker

Außerdem:
Backpapier
Spritzbeutel

ZUBEREITUNG

Äpfel schälen und die Kerngehäuse ausstechen. Fruchtfleisch in Stücke schneiden. Butter in einem Topf zerlassen und die Apfelstücke mit dem gesamten Zucker zu einem dicken Kompott einkochen. Vom Herd nehmen und abkühlen lassen.
Backofen auf 180 °C vorheizen.
Backblech mit Backpapier auslegen und darauf das 20 cm große Blatt Plunderteig geben. Ränder mit etwas Eigelb einpinseln. Den Spritzbeutel mit Cremefüllung füllen und die Creme gleichmäßig verteilen; einen 3 cm breiten Rand frei lassen. Nun das Apfelkompott mit dem Spritzbeutel auftragen, ebenfalls gleichmäßig verteilen. Dann das 24 cm große Blatt Plunderteig darüberlegen. An den Rändern vorsichtig festdrücken. Das restliche Eigelb auf der Oberfläche verstreichen.
Kuchen 45 Minuten im Backofen backen.
Den fertigen Kuchen aus dem Ofen nehmen und mit Puderzucker bestäuben; nochmals für 4 Minuten in den Backofen schieben, bis der Zucker karamellisiert ist.

 *Goldrush*

Apfel-Baba mit Goldrush-Äpfeln

ZUTATEN
(für 12 Stück)

Baba-Teig:
100 g Mehl
2 g Salz
5 g Zucker
2 g Eier
(Klasse S; 90 g)
10 g Hefe
30 g zimmerwarme Butter
50 g Rosinen

Sirup:
1 l Wasser
200 ml Calvados
ausgeschabtes Mark von
1 Vanilleschote (möglichst
aus Tahiti)
700 g Zucker

Äpfel:
6 Goldrush-Äpfel

Rosinenkompott und -streusel:
100 g Rosinen

Sauerkraut-Coulis:
150 g Sauerkraut

Außerdem:
Silikonbackmatte mit Formen
Spritzbeutel
Spitzsieb

ZUBEREITUNG

Baba-Teig: Mehl, Salz, Zucker und Eier in einer Küchenmaschine zu einem Teig verarbeiten. Zerbröselte Hefe einrühren und kneten, bis der Teig weich und glatt ist. Den Teig 1 Stunde in einer Schüssel gehen lassen (mit feuchtem Tuch abdecken). Butter und Rosinen dazugeben und gründlich durchkneten.
Spritzbeutel mit dem Teig füllen und die Mulden in der Backmatte zur Hälfte füllen. Teig 45 Minuten gehen lassen (nicht abdecken).
Backofen auf 180 °C vorheizen. Babas backen, bis sie vollkommen trocken sind.
Sirup: Alle Zutaten einschließlich Vanillemark in einem Topf verrühren und die Flüssigkeit zum Kochen bringen. Den Topf vom Herd nehmen und die Babas in den warmen Sirup legen. 5 Minuten vollsaugen lassen, dann umdrehen und weitere 5 Minuten warten. Dabei sollten sich die Babas auf etwa das doppelte Volumen vergrößern. Auf ein Gitter stellen und abtropfen lassen.
Äpfel: Backofen auf 160 °C vorheizen. Ungeschälte Äpfel halbieren und das Kerngehäuse entfernen. Die Äpfel in dünne Scheiben schneiden und auf einem mit Backpapier ausgelegten Backblech ausbreiten. Für 3 Minuten in den Backofen schieben. Apfelscheiben auf der Oberfläche der Babas verteilen.
Rosinenkompott: Die Rosinen 1 Stunde in 100 ml Wasser quellen lassen, dann die weichen Rosinen durch ein Sieb drücken. Die Flüssigkeit auffangen und das Rosinenfleisch separat bereithalten.
Rosinenstreusel: Backofen auf 180 °C vorheizen. Das Rosinenfleisch zu einer kompakten Masse verkneten, auf 2 mm ausrollen und 15 Minuten im Backofen backen. Die Rosinenmasse aus dem Ofen holen und abkühlen lassen. Als Garnierung für die Babas in kleine Stücke zerbröseln.
Sauerkraut-Coulis: Sauerkraut in das Spitzsieb geben und kräftig ausdrücken. Den Saft auffangen und einige Tropfen davon über die Babas und die Dessertteller träufeln. Die Teller zusätzlich mit einigen Tropfen dickem Rosinensaft dekorieren.

 *Pinova*

Apfel-Cupcakes

ZUTATEN
(für 6 Personen)

Cupcakes:
*1 Pinova-Apfel, geschält
Saft von 1 Zitrone
Grundteig für Cupcakes
(siehe Seite 219), zubereitet
mit fein gemixtem Fruchtfleisch von 1 Pinova-Apfel
statt Fruchtpulpe*

Garnieren:
*100 g grünes Marzipan
18 grüne Marzipankugeln
100 g Zucker
1 Glas Apfelsaft*

Außerdem:
*Spritzbeutel
18 Cupcake-Formen
18 Pipetten*

ZUBEREITUNG

Cupcakes: Backofen auf 180 °C vorheizen. Apfel in 1 cm große Würfel schneiden und in Zitronensaft eintauchen, damit sie schön hell bleiben. Den Cupcake-Teig in die Formen spritzen und einen Apfelwürfel dazugeben. Im Backofen 20 Minuten backen.
Garnieren: Marzipan ausrollen und Kreise so ausstechen, dass sie auf die Cupcakes passen. Die Kreise auf die Cupcakes legen. Je eine Marzipankugel in Zucker wälzen und aufsetzen. Etwas Apfelsaft in die Pipetten ziehen und diese in die Cupcakes stecken.

 *Jonagold*

Tarte Tatin

ZUTATEN
(für 6 Personen)

1,2 kg Jonagold-Äpfel

Karamell:
200 g Puderzucker
50 g Glukose
8 g Salz
ausgeschabtes Mark von
2 Vanilleschoten
60 g Butter
etwas Fett für die Folie

1 Blatt Plunderteig
(siehe Seite 216)
75 ml Calvados

Außerdem:
Kuchenform
(20 cm Durchmesser)

ZUBEREITUNG

Backofen auf 180 °C vorheizen.
Äpfel schälen, halbieren und das Kerngehäuse entfernen. 15 Minuten in den Backofen legen. Äpfel herausholen und vollständig abkühlen lassen.
Karamell: Puderzucker, Glukose, Salz, Vanillemark und 50 ml Wasser in einem Topf zum Kochen bringen, bis die Masse zu einem goldbraunen Karamell eingekocht ist. Butter dazugeben und kräftig rühren.
Backform mit leicht eingefetteter Aluminiumfolie auslegen und die Äpfel möglichst dicht an dicht darauflegen. Den Karamell über die Äpfel gießen und alles mit dem Plunderteig bedecken. Die Tarte 40 Minuten im Ofen backen, dann auf eine Tortenplatte stürzen und vor dem Servieren mit dem Calvados flambieren.

Bakker Parmentier

Flämisches Brot

ZUTATEN
(für 6 Personen)

Saure Apfellösung:
1 kg Apfelschalen (möglichst Äpfel aus dem eigenen Garten und vorzugsweise alte Sorten wie Bakker Parmentier, Keuleman oder Boskop)
150 g Honig

Flämisches Brot:
350 ml saure Apfellösung
350 g braunes Weizenmehl aus lokaler Produktion
125 g Dinkelmehl aus lokaler Produktion
20 g Strandflieder (eine Art Meersalat; wird in guten Supermärkten oder von Fischhändlern angeboten)
20 g Queller oder Salicornia (eine Art Meersalat; wird in guten Supermärkten oder beim Fischhändler angeboten)
75 g Schweineschmalz
10 g Salz
Mehl zum Bestäuben

Außerdem:
feines Sieb

ZUBEREITUNG

Saure Apfellösung: Die Apfelschalen und den Honig in 2 l Wasser zum Kochen bringen; abkühlen lassen. Die Flüssigkeit mit den Schalen in ein gut verschließbares, großes Glas oder einen Krug gießen. Wenn nach drei bis vier Tagen Blasen in der Flüssigkeit aufsteigen, beginnen die Schalen zu gären. Dann die Flüssigkeit durch ein feines Sieb seihen.
Brot: Aus der sauren Apfellösung und den Mehlsorten einen Teig kneten. Die Meersalate, Schweineschmalz und Salz vermischen und in den Teig kneten. Weiterkneten, bis der Teig glatt ist und seidig schimmert.
Teig zu einer Kugel formen und 24 Stunden auf einem mit Mehl bestäubten Tuch im Kühlschrank gehen lassen. Danach muss der Teig weitere zwei Stunden bei Zimmertemperatur gehen, bis sich sein Volumen verdoppelt hat. Daraus wieder eine Kugel formen und mit Mehl bestäuben. Die Teigkugel nach 30 Minuten behutsam mit der Hand flach drücken, bis alle Luft entwichen ist. Eine weitere Stunde lang gehen lassen.
Backofen auf 220 °C vorheizen. Dünne Einschnitte in die Teigoberfläche ziehen und das Brot 1 Stunde im Ofen backen.

Tipp
Die saure Apfellösung wirkt treibend wie Hefe und gibt dem Brot einen leicht säuerlichen, köstlich fruchtigen Geschmack. Sammeln Sie die Apfelschalen im Gefrierfach, bis Sie 1 kg zusammenhaben. Die Lösung lässt sich portionsweise im Tiefkühler einfrieren. Man kann die Lösung durch dieselbe Menge Wasser ersetzen; dann 20 g Hefe zufügen.

Warum „flämisches Brot"?
Der Name beruht darauf, dass ausschließlich Produkte aus Flamen verwendet werden. Weizen und Dinkel werden in den Poldern an der belgischen Nordseeküste angebaut. Das Schmalz wird aus bestem Fett von Schweinen gewonnen, die in Westflandern gezüchtet werden. Dort stellen Schweinebauern einen wichtigen Teil der landwirtschaftlichen Betriebe. Wegen der salzaromatischen Salatkräuter muss nicht so viel Salz zugegeben werden.

Renet de Flandre

Kuchen mit Renet de Flandre

ZUTATEN
(für 8 Personen)

Marinierte Johannisbeeren:
200 g Apfelsaft
120 g Johannisbeeren

Kuchen:
Blätterteig
(siehe Seite 217)
Frangipancreme
(siehe Seite 219)
3 Äpfel (Renet de Flandre*)

Reispudding:
500 ml Milch
100 g Zucker
100 g gewaschener Reis
200 g Cremefüllung
(siehe Seite 217)

Apfelmarmelade:
120 ml Johannisbeersaft
von den marinierten
Johannisbeeren
150 g Pektinzucker

Garnieren:
50 g Zucker
30 g Butter
75 g Weizenflocken

Außerdem:
Backform
(20 cm Durchmesser)
Spritzbeutel
Ausstechring
(6,5 cm Durchmesser)

*Alternativ verwendbar:
Brettacher, Grüner Wissinger,
Kleiner Feiner

ZUBEREITUNG

Marinierte Johannisbeeren: Den Apfelsaft zum Kochen bringen und die Johannisbeeren dazugeben; abkühlen lassen. Mischung in ein Glas füllen, gut verschließen und 24 Stunden marinieren lassen.
Kuchen: Backform mit Blätterteig auslegen. Den Spritzbeutel mit Frangipancreme füllen und die Creme gleichmäßig auf dem Kuchenboden verteilen.
Reispudding: Die Milch mit dem Zucker zum Kochen bringen. Den Reis einrühren und alles bei kleiner Hitze simmern lassen, bis der Reis gerade weich und die Mischung eingedickt ist; schnell abkühlen lassen. Die Cremefüllung unter den Reis ziehen.
Die Johannisbeeren gut abtropfen lassen; der Saft wird für die Marmelade zurückbehalten.
Backofen auf 180 °C vorheizen.
Johannisbeeren unter den Reispudding ziehen und die Masse in eine am besten gefettete Backform füllen. Äpfel schälen, entkernen und in dicke Scheiben schneiden. Scheiben auf der Oberfläche verteilen. Kuchen 40 Minuten im Ofen backen.
Zum Garnieren den Zucker in einer heißen Pfanne karamellisieren. Dann die Butter hinzufügen und die Pfanne von der Hitze nehmen. Mit den Weizenflocken vermischen, auf Backpapier ausstreichen, abkühlen lassen und zerkrümeln.
In der Zwischenzeit den Johannisbeersaft mit dem Pektinzucker zu einem dicken Gelee einkochen. Die Kuchenoberfläche mit dem abgekühlten Gelee dick einstreichen. Die Weizenkrümel am Rand auftragen und in der Mitte mithilfe des Ausstechrings verteilen.

 *Boskop*

Käsekuchen

ZUTATEN
(für 8 Personen)

*Mürbeteig mit Mandelpulver
(siehe Seite 216)
500 g Boskop-Äpfel
50 g Butter
50 g Zucker*

Zitronen-Käse-Soufflé:
*110 g Eiweiß (von ca.
3–4 Eiern; Klasse M)
75 ml Milch
1 Eigelb
10 g Maisstärke
abgeriebene Schale und Saft
von 1 unbehandelten Zitrone
125 g Frischkäse
100 g Zucker*

Garnieren:
1 Ei zum Bestreichen

Außerdem:
*Kuchenform
(21 cm Durchmesser)
250–350 g getrocknete Erbsen*

ZUBEREITUNG

Backofen auf 180 °C vorheizen.
Die Kuchenform mit dem Mürbeteig auslegen. Die getrockneten Erbsen daraufschütten und 10 Minuten blind backen. Die Form herausziehen, etwas abkühlen lassen und die Erbsen entfernen.
Äpfel schälen und das Kerngehäuse entfernen. Die Äpfel in große Stücke schneiden und in der Butter mit dem Zucker dünsten, bis sie weich sind. Abkühlen lassen.
Apfelstücke gleichmäßig auf dem gebackenen Tortenboden verteilen.
Zitronen-Käse-Soufflé: Eiweiß steif schlagen. Milch mit Eigelb, Stärkemehl, Zitronenschale und -saft in einem Topf erhitzen. Mischung unter Rühren zum Kochen bringen, bis sie zähflüssig-cremig ist. Anschließend sofort Frischkäse, Zucker und das geschlagene Eiweiß unterheben.
Backofen auf 260 °C vorheizen.
Garnieren: Die Frischkäsemasse über die Äpfel bis zum Rand der Kuchenform einfüllen. Die Oberfläche mit dem leicht geschlagenen Ei bestreichen; 12 Minuten im Ofen backen.

 *Cox Orange*

Gourmetkuchen

ZUTATEN
(für 8 Personen)

Olivenöl-Biskuitteig:
10 Eier
10 Eigelb
200 g Zucker
100 g Mehl
100 g Kartoffelstärke
100 ml Olivenöl

Baiser:
70 g Eiweiß
(von 2 Eiern; Klasse M)
140 g Zucker

Mascarpone-Creme:
5 Eigelb
125 g Zucker
500 g Mascarpone
5 Blatt Gelatine, in
Wasser gequollen
200 g halbsteife Schlagsahne

Mousse von Cox Orange:
6 Blatt Gelatine, in
Wasser gequollen
400 g Kompott aus
Cox-Orange-Äpfeln
abgeriebene Schale von
2 unbehandelten Mandarinen
1 l halbsteife Schlagsahne

Außerdem:
2 Kuchenformen (19 cm Durchmesser, 5 cm tief)
Backblech (40 x 60 cm)

ZUBEREITUNG

Olivenöl-Biskuitteig: Backofen auf 220 °C vorheizen. Eier, Eigelbe und Zucker aufschlagen. Zuerst das gesiebte Mehl einrühren, dann die Kartoffelstärke dazugeben, zum Schluss das Olivenöl. Masse auf dem Backblech ausstreichen, 8 Minuten backen, herausnehmen und abkühlen lassen. Mit dem Rand einer Backform zwei Kreise ausstechen, die in die beiden Kuchenformen passen, und in die Formen legen. Den übrigen Biskuitteig in gleichmäßig große Würfel schneiden und mit Puderzucker bestäuben; sie dienen als Dekoration für den fertigen Kuchen.

Baiser: Eiweiß steif schlagen. Zucker in 50 ml Wasser auflösen, zum Eiweiß geben und gründlich umrühren.

Mascarpone-Creme: Eigelbe mit Zucker in einem warmen Wasserbad (Bain-Marie) aufschlagen. Mascarpone und die ausgedrückten Gelatineblätter einrühren. Mit einem Spatel die halbsteife Schlagsahne und die Baisermasse unterziehen. Creme in die beiden Kuchenformen füllen.

Mousse von Cox Orange: Die ausgedrückten Gelatineblätter mit dem Kompott und den abgeriebenen Mandarinenschalen vermischen. Die halbsteife Sahne mit einem Spatel unterheben. Die Kuchenformen bis unter den Rand füllen und in den Kühlschrank stellen, bis die Masse fest genug ist, um die Kuchenformen abzunehmen. Abschließend mit den Biskuitwürfeln garnieren.

 — *Braeburn*

Dessertteller

ZUTATEN
(für 8 Personen)

Brownies:
210 g Zucker
3 Eier (Klasse S; 160 g)
200 g Butter, geschmolzen
150 g Bitterschokolade, 60 %, geschmolzen
100 g Mehl
150 g geschälte Haselnüsse, gehackt
75 g Pistazien
Butter für die Form

Karamellisierte Äpfel:
6 Braeburn-Äpfel
120 g Zucker
20 g Butter
ausgeschabtes Mark von 1 Vanilleschote

Creme mit belgischen Babeluttes:
200 ml Milch
150 g belgische Babeluttes (helle Karamellen)
4 Blatt Gelatine, in Wasser gequollen
350 ml halbsteife Schlagsahne

Krokantnüsse mit Schokoladenguss
50 g Honig
24 Pekannüsse
20 g Butter
100 g Milchschokolade
20 g Butter
150 g belgische Babeluttes, zu Krümeln gemahlen

Außerdem:
Backform (40 x 8 cm)
Backform (40 x 5 cm; 4 cm tief)

ZUBEREITUNG

Brownie: Backofen auf 200 °C vorheizen. Zucker und Eier aufschlagen, bis sich die Masse zu einem weißen Faden ziehen lässt. Die zerlassene Butter mit geschmolzener Schokolade vermischen und unter das geschlagene Ei ziehen. Mehl, Nüsse und die Pistazien mit einem Spatel unterziehen. Brownie-Teig in eine gebutterte Backform gießen. 10 Minuten im Ofen backen und abkühlen lassen. Aus dem Backofen holen und bis zum Servieren in den Kühlschrank stellen.
Karamellisierte Äpfel: Äpfel schälen, entkernen und in Würfel schneiden. Zucker in einem Topf karamellisieren, dann die Butter und das Vanillemark dazugeben. Die Apfelwürfel einrühren und in 2 Minuten weich dünsten. Die Masse in die Form gießen und ins Gefrierfach stellen.
Creme mit belgischen Babeluttes: Die Milch mit den Babeluttes zum Kochen bringen und 2 Minuten simmern lassen. Den Topf vom Herd nehmen und rühren, bis sich die Babeluttes völlig aufgelöst haben; abkühlen lassen. 50 ml der Creme werden für die Glasur beiseitegestellt. Gelatine in die übrige Babelutte-Milch einrühren und die halbsteife Sahne mit einem Spatel unterziehen. Über die karamellisierten Äpfel gießen, bis die Form voll ist – zurück ins Gefrierfach stellen.
Krokantnüsse mit Schokoladenguss: Honig karamellisieren und die Pekannüsse dazugeben. Topf vom Herd nehmen und die Butter einrühren. Die Masse auf ein Backpapier gießen, abkühlen lassen. Krokantnüsse erst in flüssige Milchschokolade tauchen, danach in den Babelutte-Krümeln wälzen.
Den Brownie in acht Würfel schneiden und auf einem Teller arrangieren. Die Äpfel mit der Babelutte-Creme aus der Form holen und acht Stücke ausschneiden – je eines kommt auf die acht Brownies. Nun die beiseitegestellte Babelutte-Creme darübergießen und alles mit den Krokantnüssen garnieren.

Golden Delicious

Eisäpfel aus Golden Delicious

ZUTATEN
(für 4 Personen)

400 g weiße Schokolade
1 g gelbe Lebensmittelfarbe
3 g grüne Lebensmittelfarbe

Sorbet aus Golden Delicious:
400 ml Apfelsaft (von Golden-Delicious-Äpfeln)
100 g Zucker
50 g Honig
50 g Dextrose

100 g Schokolade

Außerdem:
4 große Plastikäpfel (aus Geschäften für Wohnaccessoires)
Backpapier

ZUBEREITUNG

Kaufen Sie in einem Geschäft für Wohnaccessoires vier große Plastikäpfel. Äpfel in der Mitte durchschneiden; sie dienen als Formen für die Schokolade.
Die weiße Schokolade schmelzen, gelbe und grüne Lebensmittelfarbe hinzufügen und die Apfelformen damit ausgießen (nicht füllen). Im Gefrierfach hart werden lassen.
Die Zutaten für das Sorbet auf 45 °C erwärmen, dann abkühlen lassen. Bereiten Sie daraus in einer Eismaschine ein Sorbet zu. In die Apfelformen füllen und im Gefrierfach aushärten lassen. Zum Auslösen der Hälften die Apfelformen kurz unter warmes Wasser halten. Jeweils zwei Hälften zu einem Apfel zusammensetzen.
Die Schokolade schmelzen. Das Backpapier zu einem Trichter mit enger Spitze drehen. Mit der flüssigen Schokolade füllen und „Apfelstiele" auf ein Backpapier spritzen. Stiele aushärten lassen und mit ein wenig flüssiger Schokolade in die Stielvertiefungen der Äpfel kleben.

Foodpairing mit Äpfeln

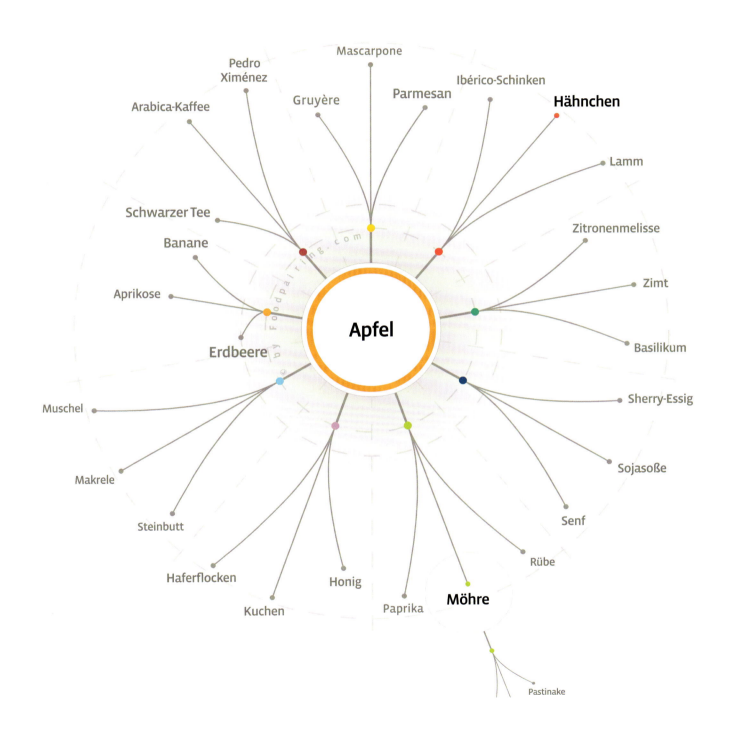

 *Colapuis*

Dessertteller

ZUTATEN
(für 6 Personen)

Formen für die Erbsen und Möhren:
30 Blatt Gelatine
10 TK-Möhren
20 TK-Erbsen

Erbsencreme:
65 ml Milch
10 g Honig
90 g fein pürierte Erbsen
150 g weiße Schokolade
30 g Butter

Möhrencreme:
65 ml Milch
10 g Honig
90 ml Möhrensaft
150 g weiße Schokolade
30 g Butter

Popcorn:
20 g Zucker
10 g Butter
10 ml Maiskeimöl
50 g Popcornmais

Püree von Colapuis-Äpfeln:
100 ml Apfelsaft (von Colapuis-Äpfeln*)
30 g Zucker
3 g Agar-Agar
3 Colapuis-Äpfel*, in Stücke geschnitten

Chicken-Wing-Tuiles:
30 g Zucker
10 g Butter
Haut von einem Hähnchenflügel

Creme aus Milchschokolade:
100 ml Sahne
40 g Milchschokolade, geschmolzen

Hähnchenform:
100 g Marzipan
30 Blatt Gelatine

Möhrenkuchen:
4 Eier
100 g Zucker
50 ml Erdnussöl
80 g Mehl
1 g Salz
10 g Zucker
4 g Backpulver
30 g Mandelpulver
1 g Muskat
1 g Ingwerpulver
1 g Zimtpulver
ausgeschabtes Mark von 1 Vanilleschote

Außerdem:
2 Plastikschüsseln
Spitzsieb
Spritzbeutel
Pappe (0,5 mm dick)
4 Plastik- oder Metallzylinder (5 x 5 x16 cm)
Kuchenform (24–26 cm Durchmesser)

*Alternativ verwendbar: Avrolles, Berner Rosenapfel

ZUBEREITUNG

Formen: Gelatineblätter in 700 ml warmem Wasser auflösen. Möhren und Erbsen getrennt auf den Boden von zwei Plastikschüsseln legen und Gelatine darübergießen, bis die Möhren und Erbsen völlig bedeckt sind. Schüsseln ins Gefrierfach stellen, bis der Inhalt fest geworden ist. Gelatine herauslösen und die Möhren und Erbsen behutsam entnehmen. In die zurückbleibenden Vertiefungen werden die Cremes gefüllt.

Erbsencreme: Milch und Honig zum Kochen bringen. Erbsenpüree einrühren und durch ein Spitzsieb drücken. Schokolade mit Butter schmelzen. Erbsenmasse zur Schokoladenmischung geben. Verrühren und behutsam in die Erbsenformen der Gelatine füllen. Im Gefrierfach fest werden lassen.

Möhrencreme: Milch und Honig zum Kochen bringen und den Möhrensaft einrühren. Schokolade mit Butter schmelzen. Milchmischung mit der Schokolade verrühren und behutsam in die Möhrenformen der Gelatine füllen. Im Gefrierfach fest werden lassen.

Popcorn: Den Zucker in einem Topf karamellisieren. Erst die Butter, dann das Maiskeimöl dazugießen. Den Topf auf kleiner Hitze lassen und die Maiskörner hineinschütten. Erhitzen, bis sie „poppen" (Deckel festhalten).

Püree von Colapuis-Äpfeln: Den Apfelsaft zum Kochen bringen und Zucker sowie Agar-Agar in den kochenden Saft einrühren. Apfelstücke zugeben und 1 Minute kochen. Abkühlen lassen, mit einem Handmixer pürieren und in einen Spritzbeutel füllen.

Chicken-Wing-Tuiles: Zucker in einer Pfanne karamellisieren lassen, Butter dazugeben und die Hähnchenhaut darin braten. Backofen auf 120 °C vorheizen. Die Hähnchenhaut auf ein mit Backpapier ausgelegtes Backblech legen. Im Ofen 2 Stunden trocknen und abkühlen lassen. Haut zu einem feinen Pulver zermahlen. Backofen auf 160 °C vorheizen. Aus der Pappe eine offene, rechteckige Form (8 x 4 cm) ohne Boden basteln. Papprechteck auf das Backblech stellen und ¼ des Hähnchenpulvers einfüllen. Diesen Vorgang an jeweils anderer Stelle noch dreimal wiederholen. Die Pappform entfernen und die Pulver-Rechtecke 7 Minuten backen. Die gebackenen Rechtecke aus dem Ofen holen und sofort um die Plastik- oder Metallzylinder wickeln. Abkühlen lassen.

Schokoladencreme: Die Sahne zum Kochen bringen und über die Milchschokolade gießen. Gründlich verrühren, abkühlen lassen und dann bis zur Konsistenz von Schlagsahne aufschlagen.

Hähnchenform: Aus Marzipan am besten mit Modellierbesteck ein Hähnchen formen. 24 Stunden härten lassen. Gelatine in 700 ml Wasser schmelzen und über das Marzipanhähnchen gießen. Fest werden lassen. Hähnchen aus der Gelatineform lösen und die Schokoladencreme in die entstandene Vertiefung füllen. Im Gefrierfach fest werden lassen, dann das Eiscreme-Hähnchen aus der Form lösen.

Möhrenkuchen: Backofen auf 180 °C vorheizen. Alle Zutaten zu einem Teig verrühren. Kuchenform mit dem Teig füllen, 30 Minuten backen und abkühlen lassen. Die einzelnen Elemente wie auf dem Foto anrichten.

Birnen

2

Birnen

Weltweit werden schätzungsweise 5.000 Birnensorten kultiviert. Die Kulturbirne stammt vermutlich aus Zentralasien, vom Fuß des Tian-Shan-Gebirges in Westchina. Von hier breitete sie sich in nördlicher und westlicher Richtung aus und spaltete sich in etwa 20 Unterformen auf. Über Händler, mit den Heeren von Eroberern und wandernden Menschen wurden, ähnlich wie die Äpfel, auch Samen und Früchte der Birnen verbreitet. Die Römer waren die ersten Europäer, die durch Pfropfung neue und bessere Sorten züchteten. Am Ende des 1. Jahrhunderts waren bereits 30 eindeutig definierte Sorten bekannt. In der Renaissance (15. und 16. Jahrhundert) wuchs ihre Zahl dann auf fast 200 an und nur ein Jahrhundert später, zur Zeit des Sonnenkönigs Ludwigs XIV. in Frankreich, waren es schon fast 500. Die Züchter nutzten im Prinzip dieselben Techniken zur Verbesserung der Sorten, die schon die Römer kannten – allerdings wissenschaftlicher und auf breiterer Basis. Bis zum 16. Jahrhundert kannte man nur Kochbirnen, die vor dem Verzehr gedünstet oder gebacken werden mussten. Am Ende dieses Jahrhunderts tauchten die ersten köstlich-saftigen Birnen auf, die roh als Tafelobst verzehrt werden konnten. Mit Hinweis auf das weiche, feuchte Fruchtfleisch wurden diese Birnensorten „beurré" (franz.: Butter) genannt. Dieser Zusatz taucht heute noch in einigen Sortennamen auf: *Beurré Hardy, Beurré de Merode* (*Double Flip*) oder *Beurré Alexander Lucas.* Allerdings werden diese alten Sorten kaum noch an der Obsttheke angeboten. Heute bevorzugen die meisten Verbraucher Sorten wie *Conférence, Doyenné* und *Durondeau.*

Deren charakteristischer, körniger Biss kommt durch die Steinzellen im Fleisch zustande. Inzwischen haben die Züchter diese Körnigkeit aus den meisten kommerziellen Sorten „herausgezüchtet". Wer beim Biss in eine süße, saftige Birne an die Kalorien denkt, muss sich keinerlei Sorten machen: Birnen enthalten weniger Säuren als viele andere Früchte – ihre Süße ist nur relativ.

Obwohl Quitten zur selben Familie wie Birnen gehören, sind die beiden nicht vergleichbar. Quitten können nicht roh gegessen werden. Die Schalen enthalten bitteres Tannin und das harte, körnige Fleisch ist ungenießbar. Daher müssen Quitten vor dem Verzehr gekocht oder gedünstet werden. Quittenbäume sind winterharte Bäume, die erst blühen, wenn die Temperatur eine Zeit lang unter 7 °C fällt.

Die Früchte bilden eine pelzige Schale aus, die erst kurz vor der Reifung verschwindet. In wärmeren Regionen dürfen die Früchte bis zur Vollreife auf dem Baum bleiben und werden geerntet, sobald das Fruchtfleisch weich genug ist (allerdings vor den ersten Nachtfrösten). Im kühleren Mittel- und Nordeuropa werden die Quitten unreif geerntet, so lange sie noch grün sind. Beim Ausreifen färbt sich die Schale gelb und die Früchte nehmen ein angenehmes, nach Rosen und Zitrusfrüchten duftendes Aroma an. Da Quitten sehr viel Pektin enthalten, eignen sie sich hervorragend für Marmeladen und Kompotte.

Kaufen

Kaufen Sie ausschließlich Birnen mit glatter Schale ohne Druckstellen, dunkle Flecken, Dellen oder Risse und mit intaktem Fruchtstiel. Birnen werden vor der Vollreife geerntet und verkauft. In optimalem Zustand sind sie fest, aber nicht hart. Birnen aus dem eigenen Garten sollten in einem Fruchtkorb bei Zimmertemperatur ausreifen dürfen. In den Geschäften und Supermärkten werden sie unter kontrollierten Bedingungen zur Reife gebracht. Bei einer vollreifen Birne gibt das Fruchtfleisch um den Stiel auf leichten Druck nach. Kaufen Sie – das gilt auch für Quitten – keine verschrumpelten, weichen oder bräunlich aussehenden Früchte. Reife Quitten sind gelb, daher müssen grün gekaufte Quitten zu Hause bei Raumtemperatur ausreifen, bis sie gelb werden und ihr charakteristisches Blumenaroma verströmen. Im Kühlschrank bleiben sie übrigens maximal zwei Wochen unreif. Nach der Vollreife müssen sie so schnell wie möglich verarbeitet werden, denn sie beginnen rasch zu verfaulen. Geschälte und geschnittene Quitten, die nicht sofort verarbeitet werden, laufen nicht an, wenn sie mit Zitronensaft eingerieben werden.

Lagern

Birnen für den Verzehr können ein paar Tage im Kühlschrank oder an einem anderen kühlen Ort aufbewahrt werden. Reife Kochbirnen halten sich unter denselben Bedingungen bis zu einer Woche. Um den Reifeprozess zu beschleunigen, legen Sie die Birnen bei Zimmertemperatur in eine Papiertüte. Da Birnen und Quitten wie Äpfel große Mengen Ethylen freisetzen, dürfen sie nicht zusammen mit anderen Früchten gelagert werden.

Backen

Waschen Sie die Früchte vor Gebrauch gründlich; dann schälen, in Stücke schneiden und das Kerngehäuse entfernen. Träufeln Sie sofort nach dem Schälen etwas Zitronensaft darüber, damit sie nicht braun werden. Kochbirnen werden nach dem Schälen je nach Größe entweder ganz oder halbiert gekocht; in Wasser oder Rotwein mit einer Zimtstange oder einer Zitronenschale 3–4 Stunden simmern lassen. Dass die Birnen dabei rot oder rosa anlaufen, ist ein natürlicher Prozess. Quitten werden geschält, in Stücke geschnitten und gekocht oder gedünstet, allein oder mit Birnen und/ oder Äpfeln. Während des Kochens färbt sich das Fruchtfleisch von weißgelb nach rosarot (ebenfalls ein natürlicher Prozess). Birnen schmecken hervorragend in Kuchen und Gebäck und zusammen mit Schokolade oder Mandeln. Zerkocht lassen sie sich ausgezeichnet zu Bayerischer Creme, Sorbets, Eis, Kompotten und Marmeladen verarbeiten.

Einige Sorten

01 CONFÉRENCE

Die schmale, längliche *Conférence*-Birne ist eine alte englische Sorte. Sie gehört zurzeit zu den beliebtesten Sorten. Ihr delikates, süßes Aroma und das saftige Fleisch machen sie zur idealen Tafelbirne. Auch für Kuchen und Gebäck ist sie bestens geeignet.

02 DOYENNÉ DU COMICE

Die sehr alte französische Sorte wird um 1840 zum ersten Mal erwähnt. Die Früchte sind gedrungen mit einem kurzen Stiel und haben weiches, süßes und saftiges Fruchtfleisch. Es sind hervorragende Tafelbirnen.

03 CONCORDE

Concorde ist eine Kreuzung zwischen *Conférence* und *Doyenné du Comice*. Es sind feste, saftige Tafelbirnen mit vollmundigem Aroma.

04 DURONDEAU

Die mittelgroße bis große, braune Birne mit festem, saftigem, weißem Fleisch stammt von dem wallonischen Obstbauern und Züchter Charles Louis Durondeau. Sie kann gegessen und gekocht werden.

05 CHAMPION

Champion ist eine große grüngelbe Quitte mit sehr aromatischem, gelbem Fruchtfleisch. Roh gegessen, schmeckt sie sehr bitter, nach dem Kochen dagegen köstlich. Sie ist ideal für Kompotte und Marmeladen oder als Saft.

06 NASHI

Diese Kreuzung aus Apfel und Birne stammt aus Japan, Nordchina und Korea, wird aber heute vorwiegend aus China und Spanien importiert. Sie hat eine ockerfarbene Schale und festes, saftiges Fruchtfleisch mit süß-saurem Geschmack. *Nashi*-Birnen können roh gegessen oder gekocht werden.

07 ST. RÉMY

Diese grüne Kochbirne hat hartes, körniges Fleisch mit süß-saurem Geschmack. Beim Kochen färbt sich das Fruchtfleisch rosa.

08 GIESER-WILDEMAN

Eine holländische Kochbirne mit kleinen, rostbraunen Früchten. Das feste, weiße, körnige Fleisch ist saftig und schmeckt süß. Auch diese Birne färbt sich beim Kochen tiefrot.

09 SWEET SENSATION

Diese grüngelbe, rot bis purpurrot überhauchte Birne hat ein saftiges, gelbweißes Fruchtfleisch. Sie schmeckt frisch und süß. Die Früchte können geschält und ungeschält verzehrt werden.

10 WILLIAMS CHRIST

Die *Williams-Christ*-Birne (ursprünglich *Williams bon Chrétien*) ist eine der beliebtesten Sorten für die kommerzielle Marmeladen- und Konfitürenherstellung, denn ihr Fleisch verfärbt sich nicht beim Kochen. Aus dieser alten englischen Sorte wird auch der berühmte Williams-Christ-Schnaps hergestellt. Die großen, grünen Früchte färben sich während der Reife gelb mit einem roten Hauch. Das Fruchtfleisch ist schmelzend zart, behält aber beim Backen seine Struktur.

 —————— *Williams*

Birnen in Plunderteig und Pfannkuchen

ZUTATEN
(für 5 Personen)

ZUBEREITUNG

Pfannkuchenteig:
500 ml Milch
250 g Mehl
3 Eier
50 g Zucker
3 g Salz
30 g zerlassene Butter
ausgeschabtes Mark von
1 Vanilleschote
Butter

Plunderteig
(siehe Seite 216)
5 Williams-Birnen
Frangipancreme
(siehe Seite 219)
200 g Bitterschokolade, 70 %
1 Ei, leicht geschlagen
Puderzucker

Pfannkuchenteig: Alle Zutaten in einer Schüssel mit dem Handmixer zu einem glatten, leichten Teig verrühren. Pfannkuchen in einer vorgewärmten, gebutterten Pfanne zubereiten.
Plunderteig: Teig auf 3 mm Dicke ausrollen und daraus 3 x 30 cm große Streifen schneiden, insgesamt 10 Stück.
Backofen auf 180 °C vorheizen.
Birnen schälen und das Kerngehäuse mit einem Apfelentkerner ausstechen (von unten, damit der Stiel erhalten bleibt). Mit einem scharfen Messer unter dem Stiel in die Birne einstechen, damit sich das Kerngehäuse löst.
Schokolade-Frangipancreme: Die geschmolzene Schokolade in die Frangipancreme einrühren und weiter kräftig rühren. Die Masse in die ausgehöhlte Birne füllen.
Je einen Pfannkuchen um eine Birne legen und mit zwei Plunderteigstreifen befestigen. Plunderteig mit dem geschlagenen Ei einpinseln. Birnen für 45 Minuten im Backofen backen. Die Birnen herausholen und mit Puderzucker bestäuben. Zurück in den Ofen schieben, bis der Zucker karamellisiert.

Durondeau

Birnen-Cupcakes

ZUTATEN
(für 6 Personen)

2 Durondeau-Birnen
Saft von 1 Zitrone
Grundteig für Cupcakes (siehe Seite 219; Fruchtpulpe durch das Birnenpüree ersetzen)
fein püriertes Fruchtfleisch von Durondeau-Birnen für das Fruchtkompott
20 g Zucker
50 g Kaffee
90 g grünes Marzipan
90 g gelb-rotes Marzipan

Außerdem:
Spritzbeutel
18 Cupcake-Formen

ZUBEREITUNG

Backofen auf 180 °C vorheizen.
Durondeau-Birnen in Würfel von etwa 1 cm Kantenlänge schneiden und in Zitronensaft eintauchen, damit sie schön hell bleiben.
Einen Cupcake-Teig mit dem fein pürierten Fruchtfleisch aus Durondeau-Birnen zubereiten. Diesen Teig in die Formen füllen und je einen Birnenwürfel darauflegen; 20 Minuten im Ofen backen.
Den Zucker in den Kaffee einrühren und alles bis zur Konsistenz eines Sirups einkochen. Abdecken und abkühlen lassen.
Das grüne Marzipan zu einer Wurst rollen und in sechs gleich große Stücke teilen. Aus jedem Stück eine Birne formen. Das gelb-rote Marzipan auf eine Dicke von 2 mm ausrollen. Kreise vom Durchmesser der Cupcakes ausstechen und auf die Cupcakes legen. Aus dem Rest des Marzipans sechs trapezförmige Rechtecke anfertigen. Legen Sie diese Stücke wie einen Mantel um die Marzipanbirnen. Mit dem reduzierten Kaffee Augen, einen Mund und eine Nase auf die Birnen malen.

 — *St. Rémy*

St.-Rémy-Birnen in Rotwein

ZUTATEN
(für 8 Personen)

1 Zimtstange
1 unbehandelte Apfelsine, geviertelt
1 unbehandelte Zitrone, halbiert
1 Vanilleschote, in 2 Stücke geschnitten
2 Stücke Sternanis
1 Gewürznelke
1 Flasche Cabernet Sauvignon
6 harte St.-Rémy-Birnen, geschält

ZUBEREITUNG

Zimtstange, Zitrusfrüchte, Vanilleschote, Sternanis und Gewürznelke zum Wein geben und alles zum Kochen bringen. Die Birnen in den Sud legen und ca. 20 Minuten bei leicht simmernder Flüssigkeit garen. Topf vom Herd nehmen und zugedeckt abkühlen lassen. Die Birnen im abgekühlten Topf 48 Stunden lang im Kühlschrank ziehen lassen.

Tipp
Im Sud halten sich die Birnen in einem gut verschlossenen, sterilen Glas bis zu ein Jahr.

St. Rémy

Crème Chibouste mit Birnen

ZUTATEN
(für 2 Kuchen)

*Mürbeteig
(siehe Seite 216)
St.-Rémy-Birnen in
Rotwein (siehe Seite 62)*

Flan:
*375 ml Sahne
180 ml Milch
150 g Zucker
3 Eier (Klasse L; 200 g)*

Crème Chibouste:
*375 g Cremefüllung
(siehe Seite 217)
150 g Zucker
90 g Eiweiß
3 Blatt Gelatine,
in Wasser gequollen*

Garnieren:
*100 g fein geriebene
Bitterschokolade*

Außerdem:
*2 Kuchenformen
(21 cm Durchmesser)
Küchenbrenner*

ZUBEREITUNG

Mürbeteig: Backofen auf 190 °C vorheizen. Teig ausrollen und die Kuchenformen damit auslegen; überstehenden Teig abschneiden. Mürbeteig für 10 Minuten im Ofen vorbacken. Die Kuchenböden herausnehmen und abkühlen lassen. Die abgetropften Birnen in je acht gleich große Stücke schneiden und gleichmäßig auf den Kuchenböden verteilen.
Flan: Backofentemperatur weiter auf 190 °C halten. Alle Zutaten für den Flan verrühren und über die Birnen gießen. Den Kuchen wieder in den Backofen stellen und 20 Minuten backen; herausnehmen und abkühlen lassen.
Crème Chibouste: Eiweiß steif schlagen. Den Zucker in 30 ml Wasser zu einem Sirup einkochen. Dann den kochenden Sirup in das Eiweiß rühren und alles 5 Minuten kräftig schlagen. Das Wasser aus der Gelatine drücken und die Gelatine in die Masse rühren.
Garnieren: Cremefüllung vorsichtig mit einem Spatel unterziehen. Creme nockenartig auf dem abgekühlten Kuchen verteilen. Oberflächen mit dem Küchenbrenner erhitzen, bis sie braun werden. Mit der Schokolade bestreuen.

 — *Quitte*

Quittentempura

ZUTATEN
(für 12 Spieße)

2 Quitten
Mehl

Tempurateig:
Öl zum Frittieren
150 ml eiskalter Birnensaft
150 g Mehl
1 Ei

Außerdem:
Cocktailspieße

ZUBEREITUNG

Mit einem Apfelentkerner Zylinder aus dem Quittenfleisch stechen und die Zylinder in Mehl wälzen. Auf Cocktailspieße stecken.
Tempurateig: Frittieröl auf 160 °C erhitzen. Birnensaft, Mehl und Ei mit einer Gabel verrühren. Der Teig darf ruhig etwas klumpig sein, die Klümpchen sorgen später für einen knusprigen Biss.
Quittenspieße im Tempurateig drehen, bis die Früchte vollständig damit überzogen sind.
Quittenspieße im Öl ausbacken. Gelegentlich wenden, damit sich der Teig unregelmäßig ausformt. Nach 8 Minuten sollten die Quitten weich sein.

Tipp
Servieren Sie die Spieße mit Schokoladensoße (siehe Rezept für Birnen-Charlotte auf Seite 76).

 — *Nashi*

Nashi-Eislollis

ZUTATEN
(für 20 Lollies)

Birnensorbet:
400 g Nashi-Birnen, püriert
ausgeschabtes Mark von
2 Vanilleschoten
50 g Honig
50 g Dextrose

500 g Kokosfett
100 g Kristallzucker
Goldspray (aus Geschäften
für Backzubehör oder aus
dem Internet)

Außerdem:
Eismaschine
10 Plastikröhrchen
(16 cm lang, 1,5 cm
Durchmesser)
20 Stiele für die Lollis

ZUBEREITUNG

Birnensorbet: Alle Zutaten in einem Topf auf 45 °C erwärmen. Abkühlen lassen und aus der Masse in der Eismaschine ein Sorbet zubereiten. Das Sorbet in die Plastikröhrchen füllen und im Gefrierschrank hart werden lassen.
Plastikröhrchen in der Mitte durchschneiden und jeweils einen Lolli-Stiel hineinstecken. Das Kokosfett bei 45 °C zerlassen. Die Plastikröhrchen abziehen und die Lollis in das geschmolzene Kokosfett eintauchen. Die Plastikstiele nicht mit in das Fett tauchen. Auf und ab bewegen, bis die Lollis mit dem Fett wie mit Kerzenwachs überzogen sind. Mit dem Kristallzucker bestreuen und Goldspray darübersprühen.

 *Sweet Sensation*

Eistorte mit Birnen, Heidelbeeren und Pistazien

ZUTATEN
(für 16 Personen)

Heidelbeersorbet:
450 g amerikanische Heidelbeeren
25 g Dextrose
200 g Zucker

Birnenparfait:
135 g Fruchtpulpe aus Sweet-Sensation-Birnen
100 ml Milch
20 g Glukose
135 g Eigelb
(von ca. 7–8 Eiern, Klasse M)
200 g Würfel aus Sweet-Sensation-Birnen
500 ml halbsteife Sahne

Mürbeteig mit Pistazien (siehe Seite 216; 130 g gemahlene Pistazien statt Mandelpulver in den Teig rühren)

Garnieren:
gemahlene Pistazien

Außerdem:
Eismaschine
1 rechteckige Form (60 cm lang, 3 cm breit, 3 cm hoch)
1 rechteckige Form (60 cm lang, 10 cm breit, 10 cm hoch; runder Boden)

ZUBEREITUNG

Heidelbeersorbet: Bereiten Sie das Sorbet einen Tag vorher zu. Alle Zutaten mit 200 ml Wasser in einem Topf auf 45 °C erwärmen. Abkühlen lassen und aus der Masse in der Eismaschine ein Sorbet zubereiten. Das Sorbet in eine Form füllen, die kleiner ist als die Form für das Parfait. Im Gefrierfach fest werden lassen.
Birnenparfait: Die Fruchtpulpe mit der Milch und der Glukose erhitzen und unter ständigem Rühren das Eigelb dazugeben. Weiterrühren, bis die Masse dick und abgekühlt ist. Birnenwürfel und die Sahne mit einem Spatel unterziehen.
Mürbeteig mit Pistazien: Backofen auf 180 °C vorheizen. Mürbeteig 3 mm dünn ausrollen und 15 Minuten im Ofen backen. Herausnehmen und abkühlen lassen.
Fertigstellen: Einen Teil des Birnenparfaits in die Form geben und das gefrorene Sorbet der Länge nach und mittig daraufsetzen. Die Form mit dem restlichen Parfait auffüllen und die Oberfläche glatt streichen. Das Parfait mit dem gebackenen Mürbeteig abdecken und die Form zurück ins Gefrierfach stellen. Die Eistorte wird erst unmittelbar vor dem Servieren mit etwas warmem Wasser von außen und sehr behutsam aus der Form gelöst, ohne sie zu beschädigen. Die Torte nun auf eine Servierplatte setzen und die gehackten Pistazien darüberstreuen.

 —— *Concorde*

Birnendessert

ZUTATEN
(für 6 Personen)

Birnencreme:
*50 g Eigelb
(von 3 Eiern, Klasse M)
110 g Birnensirup
ausgeschabtes Mark von
2 Vanilleschoten
150 g Birnenpulpe
2 Blatt Gelatine,
in Wasser gequollen
150 ml Sahne*

Pochierte Birnen:
*100 g Concorde-Birnen
120 g Rohrzucker
1 Vanilleschote, längs in
2 Stücke geteilt*

Honigbällchen:
*5 Blatt Gelatine,
in Wasser gequollen
50 g Honig*

Schokoladenstreusel:
*50 g Butter
20 g geschmolzene
Bitterschokolade
40 g Kandiszucker
1 Prise Salz
40 g Mehl
50 g Mandelpulver*

Außerdem:
*Formen oder Plastiktüten,
mit denen sich Eiskugeln
formen lassen
Backpapier*

ZUBEREITUNG

Birnencreme: Eigelb mit dem Birnensirup aufschlagen. Das Vanillemark zur Birnenpulpe geben und zum Kochen bringen. Eigelbmasse einrühren und auf 86 °C erhitzen, bis alle Zutaten gebunden sind. Die Masse auf 40 °C abkühlen lassen. Ausgedrückte Gelatine einrühren. Sahne halbsteif schlagen und unter die Birnenmasse ziehen. Im Kühlschrank fest werden lassen.
Pochierte Birnen: Birnen schälen und mit einem Apfelentkerner einige Zylinder aus dem Fruchtfleisch stechen. Rohrzucker und Vanillestücke in 200 ml Wasser zu einem Sirup einkochen. Den Topf vom Herd nehmen, wenn der Kochpunkt erreicht wird. Den Sirup in ein Glas gießen und die Birnenzylinder dazugeben. Die Birnen müssen im fest verschlossenen Glas 24 Stunden marinieren und kühlen.
Honigbällchen: Wasser aus der Gelatine drücken und die Blätter mit dem geschmolzenen Honig verrühren. Kugelformen oder -beutel (für Eiskugeln) mit der Honigmasse füllen und im Gefrierfach aushärten lassen.
Schokoladenstreusel: Die Butter zerlassen und die geschmolzene Schokolade unterziehen. Kandiszucker, Salz, Mehl und Mandelpulver vorsichtig in die Schokoladenmasse rühren. Im Kühlschrank fest werden lassen. Backofen auf 180 °C vorheizen. Die Masse auf ein mit Backpapier ausgelegtes Backblech krümeln und 20 Minuten im warmen Backofen zu Streuseln backen.
Die Birnencreme portionieren und zusammen mit den abgetropften pochierten Birnen auf Tellern anrichten. Schokoladenstreusel dazugeben.

Foodpairing mit Birnen

 — *Conférence*

Birnen-Charlotte

ZUTATEN
(für 8 Personen)

Löffelbiskuits:
*300 g Eiweiß
(von 8–10 Eiern,
Klasse M)
200 g Zucker
300 g Eigelb
(von 16–19 Eiern,
Klasse M)
160 g gesiebtes Mehl
20 g Kakaopulver
30 g Kartoffelstärke
Puderzucker*

Baiser:
*150 g Eiweiß
(von 4–5 Eiern,
Klasse M)
250 g Zucker*

Birnenmousse:
*500 g Conférence-Birnen
10 Eigelb
100 g Zucker
10 Blatt Gelatine, in
Wasser gequollen
375 g halbsteife Sahne*

Schokoladensoße:
*100 g Puderzucker
100 ml Sahne
50 g Butter
100 g Bitterschokolade*

Rodenbach-Creme:
*(siehe Seite 220: Grundrezept
für Cremes mit alkoholischen
Getränken)*

Garnieren:
*einige Schokoladenspäne
1 Conférence-Birne, in
hauchdünne Scheiben
geschnitten*

Außerdem:
*2 Charlotte-Formen für
6 Personen (14 cm Durch-
messer, 14 cm tief) oder
Blumentöpfe
Spritzbeutel mit 1-cm-Tülle*

ZUBEREITUNG

Löffelbiskuits: Backofen auf 230 °C vorheizen. Eiweiß mit dem Zucker steif schlagen, dann Eigelbe mit einem Spatel unterziehen. Mehl, Kakaopulver und Kartoffelstärke verrühren und behutsam unter die Eimasse rühren. Masse in den Spritzbeutel füllen und breite Biskuits auf ein mit Backpapier ausgelegtes Backblech spritzen. Den Puderzucker aufstäuben und die Biskuits 7 Minuten im Backofen backen.
Baiser: Eiweiß schlagen. Zucker in 70 ml Wasser auf 121 °C erhitzen und bis zur Konsistenz von Sirup einkochen. Topf vom Herd nehmen, das geschlagene Eiweiß dazugeben und so lange aufschlagen, bis die Masse steif wird.
Birnenmousse: Birnen schälen und das Kerngehäuse entfernen. Fruchtfleisch in Stücke schneiden und im Mixer zu einem Püree verarbeiten. Eigelbe schlagen und den Zucker unterrühren. Die Mousse in einem Topf bis knapp zum Kochpunkt erhitzen, dann die Eimasse unterrühren und die Temperatur auf 86 °C reduzieren. Die Mousse durch ein Spitzsieb drücken. Gelatine ausdrücken, in die Mousse rühren und alles abkühlen lassen. Die Masse aufschlagen, bis sie glatt und cremig ist. Dann halbsteife Sahne und Baisermasse hinzufügen.
Schokoladensoße: Puderzucker, Sahne und Butter in einem großen, hohen Topf verrühren; 3 Minuten simmern lassen. Schokolade in Stücke brechen und mit einem Spatel unter die Masse ziehen. Abkühlen lassen. Die abgekühlte Birnen-masse aufschlagen, bis sie glatt und cremig ist.
Fertigstellen: Den Rand der Charlotte-Formen mit den Löffelbiskuits auslegen. Die Formen jeweils zu einem Viertel mit Birnenmousse, zu einem Viertel mit Rodenbach-Creme und abschließend noch einmal mit Birnenmousse füllen. Mit einer Lage Löffelbiskuits abdecken.
2 Stunden im Kühlschrank fest werden lassen. Die Charlotte aus den Formen stürzen. Mit Schokoladensoße, Schokoladenspänen und Birnenscheiben garnieren.

3 Pflaumen

Pflaumen

Pflaumen stammen wahrscheinlich aus Syrien. Als die Römer das Land eroberten, brachten sie die Pflaumen nach Europa. Funde aus uralten Grabstätten deuten allerdings darauf hin, dass die Pflaumen im antiken China schon vor 2.000 Jahren bekannt waren. Möglicherweise sind sie über die Seidenstraße aus Syrien bis nach China gelangt. Oder sollten sie in die andere Richtung, nach Westen, gereist sein? Die Experten suchen noch nach Hinweisen, um das Rätsel zu lösen. Wir brauchen die Frage nicht erschöpfend zu beantworten – genießen wir lieber die köstlichen Pflaumensorten. Da Pflaumen sich einfach kreuzen lassen, werden bestimmte Sorten in vielen Spielarten angeboten. Eine Reihe exzellenter Sorten stammt sogar aus Belgien! Die Zwetschgen oder Damaszenerpflaumen – feste, längliche Pflaumen – werden als eigene Art geführt. Auch in Frankreich sind sie als *Prune de Damas* bekannt, was auf ihre Herkunft aus Damaskus hindeutet. Von dort brachten sie die Römer mit in ihre Heimat. Zwetschgen sind fleischiger, aber nicht so saftig wie andere Sorten. Deshalb eignen sie sich hervorragend für Kuchen und Gebäck oder zum Einkochen für Marmeladen und Konfitüren. Auch die Mirabellen gelten als eigene Art. Leider sind diese kleinen, kugeligen, gelben Pflaumen schwierig zu verarbeiten, denn Geschmack und Aroma bilden sich nur bei vollreif gepflückten Früchten aus. Sie halten sich maximal für zwei bis drei Tage.

Einkauf
Beim Kauf von Pflaumen kommt es vor allem auf den Reifegrad an. Gewöhnlich ist etwas Nektar, der am Ende der Frucht austritt, ein gutes Zeichen für Reife. Achten Sie auch auf den Duft. Die Schale muss fleckenfrei sein und auf Druck ganz leicht nachgeben. Pflaumen dürfen weder zu hart noch zu weich sein.

Lagern

Pflaumen sind empfindliche Früchte, die sehr leicht Schaden nehmen. Deshalb werden sie gewöhnlich unreif verkauft, damit sie nicht unter dem Transport vom Obstbauern zum Groß- und Einzelhändler leiden. Wenn Sie die Früchte nicht direkt vom Baum ernten können, müssen sie zu Hause nachreifen: Legen Sie die Pflaumen mit einem Apfel in eine Plastiktüte. Das Ethylen, das der Apfel abgibt, fördert die Reife der Pflaumen. Danach halten sie sich noch einige Tage im Kühlschrank, allerdings nicht sehr lange – Pflaumen werden schnell überreif.

Backen

Pflaumen lassen sich auch als Trockenfrüchte verarbeiten; die besten europäischen Trockenpflaumen stammen aus Agen in Südfrankreich. Sie werden vor Gebrauch in Wasser gequollen, bis sie weich sind. Dieser Vorgang darf auf keinen Fall durch kochendes Wasser beschleunigt werden. Trockenpflaumen bleiben über Nacht in kaltem Wasser liegen und werden anschließend kurz aufgekocht. Trockenpflaumen, die in Eintöpfen oder Soßen für Aroma sorgen sollen, werden direkt verwendet, ohne Einweichen. Die Trockenpflaumen werden nur entsteint und zusammen mit den anderen Zutaten gekocht.

Einige Sorten

01 MIRABELLE VON NANCY

Diese kleine, gelbe und sehr süße Mirabelle ist vielseitig nutzbar. Die Ernte ist ergiebig, ohne Qualitätsverlust; Erntezeit ist ab Mitte August.

02 PRIESSE DOUBLE*

Eine kleine, mehrfarbige und stark duftende Pflaume. Ein paar dieser Früchte in einer Schale reichen aus, um ein ganzes Zimmer mit Duft zu erfüllen. Der Ertrag ist gut und die Erntezeit lang; ab Mitte August.
* Alternativ verwendbar: Bühler Frühzwetschge, Aromazwetschge

03 PRUNE DE PRINCE*

Diese kleine, tiefblaue Pflaume ist eine belgische Züchtung. Sie ist etwa so groß wie die *Mirabelle von Nancy* und die perfekte Sorte für Kaninchen- und Wildgerichte. Die Erntezeit beginnt Ende August und reicht bis Mitte September.
* Alternativ verwendbar: Habella, Presenta

04 QUEEN VICTORIA

Eine alte englische Sorte mit großen, eiförmigen Früchten. Das gelbe Fleisch ist saftig und schmeckt süß. Sie wird in der zweiten Augusthälfte geerntet.

05 JEFFERSON

Die große, pralle, gelbe Pflaume mit einer harten Schale ist saftarm, schmeckt aber sehr gut. Ihre lange Erntezeit beginnt Mitte August.

06 ALTESSE DOUBLE*

Manche halten sie für die beste Zwetschgensorte. Sie hat eine klassische Form und ist dunkelblau gefärbt. Sicher ist sie die beste und vielfältig verwendbare Kochpflaume. Der Ertrag ist durchschnittlich; sie wird Ende August gepflückt.
* Alternativ verwendbar: Ersinger, Hanita

 *Mirabelle von Nancy*

Pflaumenbrot

ZUTATEN
(für 1 Brot)

Saure Mirabellenlösung:
1 kg Mirabellen
150 g Honig

Brot:
800 g Weizenmehl Type 550
500 ml der Mirabellenlösung
50 g frische Hefe
50 ml Olivenöl
8 g Knoblauchpulver
50 g Kräuterkäse mit Knoblauch
17 g Salz

Garnieren:
200 g Kräuterkäse
30 frische Mirabellenhälften, entsteint
70 ml Olivenöl
20 g Schnittlauch (10 g als Halme, 10 g fein gehackt)

Außerdem:
feines Sieb

ZUBEREITUNG

Saure Mirabellenlösung: Mirabellen mit dem Honig in 2 l Wasser zum Kochen bringen und abkühlen lassen. Die Flüssigkeit in ein großes Glas oder einen Eimer gießen und mit einem Deckel fest verschließen. Nach drei bis vier Tagen beginnen Blasen aufzusteigen und die Mischung beginnt zu gären. Dann alles durch ein feines Sieb abseihen.
Brot: Das Mehl mit der sauren Mirabellenlösung und der Hefe 5 Minuten in einer Küchenmaschine kneten. Olivenöl, Knoblauchpulver, Kräuterkäse und Salz einfüllen und in der Maschine weitere 2 Minuten langsam, dann 4 Minuten schneller kneten, bis der Teig glatt und glänzend aussieht. Teig in einer flachen Form 1 Stunde gehen lassen, dann vorsichtig falten, ohne die Luft auszutreiben. Nach dem Falten muss der Teig weitere 30 Minuten gehen, dann auf 2 cm Dicke ausrollen. Backofen auf 240 °C vorheizen.
Garnieren: Den Kräuterkäse über den Teig krümeln und die Mirabellenhälften gleichmäßig darauf verteilen. Das Olivenöl darüberträufeln und die Schnittlauchhalme darauf verteilen. Das Brot 20 Minuten im Ofen backen, herausnehmen und mit dem gehackten Schnittlauch bestreuen. Vor dem Servieren muss das Brot 30 Minuten ruhen.

Tipp
Die saure Mirabellenlösung kann portioniert und im Gefrierfach aufbewahrt werden.

 *Jefferson*

Pflaumentorte

ZUTATEN
(für 10 Personen)

Schokoladenkuchen:
400 g zimmerwarme Butter
100 g Puderzucker
7 g Backpulver
2–3 Eier
(Klasse S; 100 g)
150 g Mehl
30 g Bitterschokolade, geschmolzen
50 g Kakaopulver
Butter und Mehl für die Form

Schokomürbeteig:
120 g gesalzene Butter
100 g Puderzucker
50 g Haselnusspulver
1 Ei (Klasse S; 50 g)
200 g Mehl
20 g Kakaopulver

Kompott aus Jefferson-Pflaumen:
500 g Jefferson-Pflaumen
300 g Zucker
2 Vanilleschoten, längs halbiert

Makronenteig:
125 g Mandelpulver
175 g Puderzucker
20 g Kakaopulver
100 g Eiweiß
(von 3–4 Eiern, Klasse M)
75 g Zucker
Puderzucker zum Bestreuen

Außerdem:
Kuchenform für 600 g Kuchenteig
runde Backform für den Mürbeteig
(21 cm Durchmesser, 4 cm hoch)
Spritzbeutel mit 1-cm-Tülle

ZUBEREITUNG

Schokoladenkuchen: Backofen auf 180 °C vorheizen. Die Butter in eine Rührschüssel geben und zunächst mit Puderzucker und Backpulver, dann mit Eiern und Mehl verrühren. Rühren, bis die Masse glatt ist, dann die Schokolade und das Kakaopulver gründlich unterrühren. Teig in die mit Butter eingefettete und mit Mehl bestäubte Backform füllen und im Ofen 30 Minuten backen. Kuchen aus der Form lösen und abkühlen lassen.
Schokomürbeteig: Butter, Puderzucker und Haselnusspulver zu einer glatten Masse verrühren. Ei, Mehl und Kakaopulver dazugeben und aufschlagen, bis alle Zutaten einen homogenen Teig ergeben. Diesen Teig auf ein Backpapier gießen und 2 cm dick ausstreichen. Für 24 Stunden in den Kühlschrank stellen.
Backofen auf 180 °C vorheizen. Teig auf 2 mm Dicke ausrollen und die Mürbeteigform damit auslegen. Für 15 Minuten ohne Füllung im Backofen vorbacken; herausnehmen und abkühlen lassen.
Kompott aus Jefferson-Birnen: Die Pflaumen waschen, halbieren und entsteinen. 100 ml Wasser mit Zucker und den Vanilleschoten zum Kochen bringen. Pflaumen dazugeben und 4 Minuten simmern lassen. Topf vom Herd nehmen und abkühlen lassen.
Makronenteig: Mandelpulver, Puderzucker und Kakaopulver mit einem Schneebesen schlagen und durchsieben. Eiweiß und Zucker aufschlagen und das gemischte Pulver unterziehen, bis die Masse glatt und glänzend aussieht. Damit den Spritzbeutel füllen.
Fertigstellen: Backofen auf 180 °C vorheizen. Schokoladenkuchen in 1 cm dicke Scheiben schneiden und den Mürbeteigboden damit auslegen. Pflaumenkompott (ohne Vanilleschoten) gleichmäßig auf dem Kuchen verteilen. Den Makronenteig in Ringen auf das Kompott spritzen. 20 Minuten im Ofen backen, herausnehmen und abkühlen lassen. Vor dem Servieren Puderzucker darübersieben.

 *Renekloden*

Mürbeteig-Tarte mit Reneklodencreme

ZUTATEN
(für 2 Tartes)

*Mürbeteig
(siehe Seite 216)
Fruchtcreme
(siehe Seite 219), zubereitet
mit 160 g Renekloden- statt
Fruchtpulpe
10 Reneklode-Pflaumen
Marmeladenglasur
(siehe Seite 220), zubereitet
ohne Aprikosenpulpe
8 Kamilleblüten*

Außerdem:
*2 quadratische Tarte-Formen
(17 x 17 cm)*

ZUBEREITUNG

Backofen auf 180 °C vorheizen.
Den Mürbeteig 2,5 mm dick ausrollen und die Tarte-Formen damit auslegen. Im Ofen 20 Minuten backen.
Die Reneklodencreme gleichmäßig auf den beiden Mürbeteigböden ausstreichen.
Reneklode-Pflaumen halbieren und entsteinen. Die Früchte gleichmäßig auf den beiden Tartes verteilen. Die neutrale Glasur darüberstreichen und mit den Blüten garnieren.

Prune de Prince

Pflaumen-Cupcakes

ZUTATEN
(für 6 Personen)

ZUBEREITUNG

Cupcakes:
Grundteig für Cupcakes (siehe Seite 219), zubereitet mit 350 g Fruchtkompott aus dem fein gehackten Fruchtfleisch von Prune-de-Prince-Pflaumen* statt Fruchtpulpe

Garnieren:
*100 g weißes Marzipan
100 g Zucker
18 weiße Marzipankugeln
Pflaumenlikör*

Außerdem:
*Spritzbeutel
18 Cupcake-Formen
18 Pipetten*

* *Alternativ verwendbar:
Habella, Presenta*

Cupcakes: Backofen auf 180 °C vorheizen. Den Cupcake-Teig in die Formen spritzen und Cupcakes 20 Minuten im Backofen backen.
Garnieren: Marzipan ausrollen und 18 Räder ausstechen, die auf die Cupcakes passen. Die Cupcakes mit den Marzipanrädern belegen und die in Zucker gerollten Marzipankugeln aufsetzen. Pipetten mit Pflaumenlikör füllen und in die Cupcakes stecken.

Altesse Double

Gourmetkuchen mit Pflaumen, Vanille und Mandeln

ZUTATEN
(für 12 Personen)

Madeleinekuchen:
*Madeleineteig
(siehe Seite 217)
500 g Altesse-Double-
Pflaumen**

Vanillemousse:
*300 ml Sahne
400 ml Milch
125 g Zucker
1 Vanilleschote, längs
aufgeschlitzt
10 Eigelb
5 Blatt Gelatine, in
Wasser gequollen
600 ml halbsteife Sahne*

Mandelmousse:
*400 g blättrige Mandeln,
geschnitten
400 ml Milch
300 ml Sahne
125 g Zucker
10 Eigelb
5 Blatt Gelatine, in
Wasser gequollen
600 ml halbsteife Sahne*

Garnieren:
*Marmeladenglasur
(siehe Seite 220)
200 g Marzipan
einige Biskuitkrümel
gute Pflaumenmarmelade
zum Dekorieren
7 geschälte Mandeln
Kristallzucker*

Außerdem:
*2 Kuchenformen
(21 cm Durchmesser)
Spitzsieb*

** Alternativ verwendbar:
Ersinger, Hanita*

ZUBEREITUNG

Madeleinekuchen: Backofen auf 180 °C vorheizen. Die Kuchenformen mit dem Madeleineteig auslegen, 20 Minuten im Backofen backen und herausnehmen. Die Ofentemperatur bei 180 °C halten.
Pflaumen entsteinen und auf dem Backblech ausbreiten. Für 10 Minuten in den Backofen schieben. Pflaumen herausnehmen und abkühlen lassen, dann auf den Kuchenböden verteilen. Weitere 25 Minuten backen.
Vanillemousse: Sahne, Milch, Zucker und die Vanilleschote zum Kochen bringen. Eigelbe locker schlagen, zu der Mischung in den Topf rühren und auf 86 °C erhitzen. Die Masse darf jetzt nicht mehr kochen, sonst gerinnen die Eier. Alles durch ein Spitzsieb gießen und die ausgedrückte Gelatine unterrühren. Abkühlen und fest werden lassen. Die Mousse mit einem Schneebesen locker schlagen und die halbsteife Sahne unterziehen. Mousse auf die beiden Kuchenböden gießen.
Mandelmousse: Backofen auf 180 °C vorheizen. Mandeln auf einem Backblech ausbreiten und 10 Minuten im Backofen erhitzen. Die Milch zum Kochen bringen und die warmen Mandeln dazugeben; vom Herd nehmen und 24 Stunden gekühlt ruhen lassen. Mandelmilch durch ein Spitzsieb gießen und mit der Sahne und dem Zucker zum Kochen bringen. Eigelbe locker aufschlagen, in die simmernde Mischung rühren und auf 86 °C erhitzen. Alles durch ein Sieb gießen. Die ausgedrückte Gelatine unterrühren; fest werden lassen. Die Mousse mit einem Schneebesen locker schlagen und die halbsteife Sahne unterziehen. Mousse auf die beiden Kuchenböden gießen. Beide Kuchen für 24 Stunden ins Gefrierfach stellen, bis sie völlig fest geworden sind.
Garnieren: Marmeladenglasur auf 35 °C erwärmen. Die Kuchen aus den Formen lösen und Oberfläche und Seiten mit der Marmeladenglasur bestreichen. Marzipan in eine Portion von 125 g und eine Portion von 75 g teilen. Die größere Portion dünn ausrollen. Daraus zwei Streifen schneiden und um die Kuchen legen. Das übrige Marzipan flach ausrollen und in schmale Streifen schneiden. Die Streifen zu einem Zopf flechten und ringförmig auf den Kuchenrand setzen. Biskuitkrümel auf den Kuchen streuen und mit der Pflaumenmarmelade glasieren. Die ganzen Mandeln mit Wasser befeuchten und in Zucker wälzen. Einige Kleckse Pflaumenmarmelade auf die Kuchen träufeln, die Mandeln hineinstellen und nach Belieben dekorieren.

Foodpairing mit Pflaumen

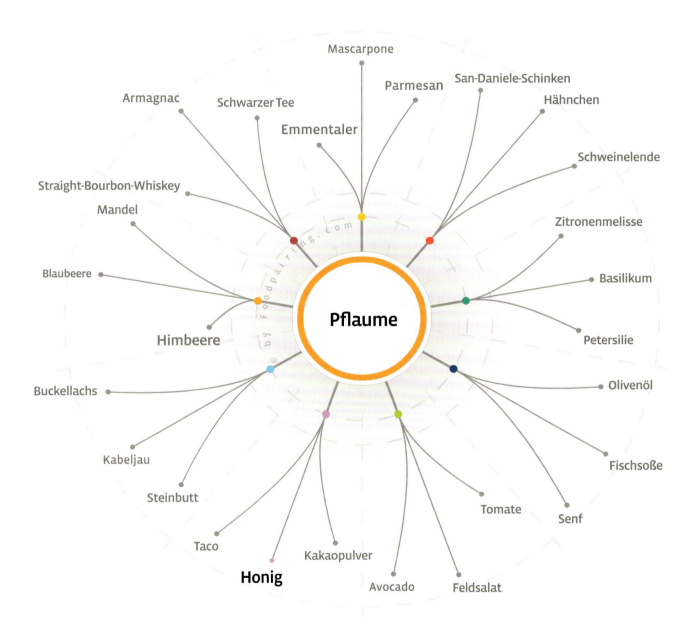

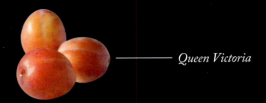 — *Queen Victoria*

Dessertteller mit Pflaumen, Himbeermarmelade, Mascarpone, Tomaten und Tortilla-Chips

ZUTATEN
(für 6 Personen)

Himbeermarmelade:
320 ml Himbeersaft
Schale von 1 unbehandelten
Limette, fein gehackt
(ohne weiße Innenhaut)
Schale von 1 unbehandelten
Zitrone, fein gehackt
(ohne weiße Innenhaut)
30 g Zucker
4 g Agar-Agar

Armagnac-Soße:
300 g Zucker
100 g Honig
75 g geröstete Kakaobohnen
1 Vanilleschote
100 ml Armagnac

Mascarpone-Creme:
30 g Honig
200 g Mascarpone
50 g Petersilie

Tortilla-Chips:
500 g Kartoffeln
Frittieröl
20 g scharfes Paprikapulver
5 g Salz
5 g Cayennepfeffer
7 g Limonenpfeffer
20 g Zucker

Garnieren:
12 Queen-Victoria-Pflaumen
2 Tomaten
100 g Bitterschokolade
(mindestens 60 %)

Außerdem:
6 biegsame Formen
(6 cm Durchmesser)
Ring zum Ausstechen
(3 cm Durchmesser)
Spritzbeutel

ZUBEREITUNG

Himbeermarmelade: Himbeersaft zum Kochen bringen und Zitronen- und Limettenschale dazugeben. Den Topf vom Herd nehmen und bei aufgelegtem Deckel 24 Stunden abkühlen lassen. Am nächsten Tag den Saft mit den Schalen wieder zum Kochen bringen und Zucker sowie Agar-Agar einrühren. 1 Minute kochen lassen. Die Marmelade gleichmäßig in die 6 Formen verteilen und ins Gefrierfach stellen.
Armagnac-Soße: 300 ml Wasser, Zucker, Honig, Kakaobohnen und die aufgeschlitzte Vanilleschote zum Kochen bringen. Den Topf vom Herd nehmen und den Armagnac dazugießen. Die Soße durch ein Sieb geben und abkühlen lassen. Deckel auf den Topf legen.
Mascarpone-Creme: Den Honig bei kleiner Hitze schmelzen. Den Topf vom Herd nehmen und Mascarpone mit einem Schneebesen unterrühren. Petersilie dazugeben und die Creme in den Spritzbeutel löffeln.
Tortilla-Chips: Kartoffeln schälen, waschen und trocknen; in sehr dünne Scheiben schneiden. Stärke gründlich abwaschen. Die Chips in 160 °C heißem Öl knusprig frittieren. Abtropfen lassen. Gewürze mit dem Zucker vermischen und über die Chips streuen.
Garnieren: Pflaumen schälen, in 5 mm dicke Scheiben schneiden und mit dem Ring kreisrunde Formen ausstechen. Tomaten kreuzförmig einschneiden und für 10 Sekunden in kochendes Wasser legen, dann häuten und das Fruchtfleisch in kleine Würfel schneiden. Schokolade mit einem großen Küchenmesser fein hacken. Himbeermarmelade in die Mitte eines tiefen Tellers geben und die Armagnac-Soße darum gießen. Pflaumenscheiben ringförmig um die Marmelade legen. Mascarpone mit dem Spritzbeutel zwischen die Scheiben spritzen und zerkrümelte Tortilla-Chips auf der Himbeermarmelade drapieren.

Tipp
Wenn Sie keine biegsamen Formen besitzen, gießen Sie die Himbeermarmelade auf ein 30 x 40 cm großes Backblech, das mit einer Plastikfolie belegt ist. Im Gefrierfach fest werden lassen und mit einem Ring kreisrunde Formen (6 cm Durchmesser) ausstechen.

Kirschen 4

Kirschen

Kirschen gehören wie Äpfel, Birnen, Pfirsiche und Erdbeeren zur Familie der Rosengewächse (*Rosaceae*). Sie stammen wahrscheinlich aus China und gelangten über Russland und den Nahen Osten nach Europa. Griechen und Römer der Antike bauten Kirschen an und versuchten, neue und bessere Sorten zu züchten. Die Römer brachten auch die ersten Kirschen in die Niederlande, wo sie zunächst in Klostergärten und in den Schlossgärten der Adeligen kultiviert wurden. Es dauerte aber bis ins Mittelalter, ehe die Kirschen ihren Weg in die Küchen fanden – vorher aß man sie roh. Von den 600 Kirschensorten werden über 200 auf den europäischen Märkten angeboten.

Einkauf

Kirschen müssen intensiv gefärbt, glänzend und fleckenlos sein. Sie dürfen weder Druckstellen haben, noch geplatzt oder schrumpelig sein. Der grüne Stiel muss noch an der Frucht haften, denn Kirschen ohne Stiel sind auf dem Transport besonders anfällig für Schimmel oder Fäulnis. Eine Ausnahme stellen nur die spanischen *Picota*-Kirschen dar, die ohne Stiel gepflückt werden. Die Farbe ist abhängig von der Sorte. Helle Kirschen sind nicht per se süßer als die dunkel gefärbten Früchte. Probieren Sie vor dem Kauf immer den Geschmack der Kirschen. Sie reifen nach dem Pflücken nicht nach. Früchte, die am Marktstand oder im Geschäft nicht süß sind, werden niemals süß schmecken.

Lagern

Kirschen dürfen nach dem Kauf nicht zu lange liegen bleiben, keinesfalls länger als zwei bis drei Tage im Kühlschrank. Breiten Sie die Früchte auf einem flachen Teller aus. Kirschen sollten eine Stunde vor dem Verzehr aus dem Kühlschrank geholt und bei Zimmertemperatur serviert werden. Auf diese Weise sind bestes Aroma und voller Geschmack garantiert.

Kirschen mit Stielen dürfen auch für längere Zeit im Gefrierschrank gelagert werden. Sie werden gleichmäßig auf Backpapier ausgebreitet, eingefroren und erst dann in Gefrierbeutel oder -dosen aus Plastik gefüllt. Entsteinte Kirschen werden vor dem Einfrieren in Gefrierbeutel oder -dosen mit Zucker bestreut.

Backen

Kirschen werden erst unmittelbar vor dem Gebrauch gewaschen, damit möglichst wenig Aroma verloren geht. Verwenden Sie reichlich Wasser, dann lassen Sie die Kirschen in einem Sieb abtropfen. Zum Entsteinen gibt es spezielle Geräte; es geht aber auch mit einem scharfen Messer oder einer Haarnadel. Süße Sorten schmecken am besten als Tafelobst – 250 g pro Person sind ideal. Kirschen mit säuerlichem Geschmack lassen sich sehr gut zu Desserts mit Eis, Joghurt, Frischkäse oder Quark verarbeiten, eignen sich aber auch gut für Kuchen und Gebäck.

Einige Sorten

01 KORDIA

Kordia ist eine längliche, herzförmige Süßkirsche mit viel Saft und festem, knackigem Fruchtfleisch. Sie schmeckt sehr süß und hat eine erfrischende Säure.

02 LAPINS

Eine große, dunkelrote Kirsche mit superfestem, supersaftigem und angenehm süßem Fruchtfleisch.

03 SUMMIT

Eine sehr große Kirsche mit kräftiger roter Farbe und hellem Fleisch; moderat fest und sehr saftig.

04 BIGARREAU*

Von dieser Kirsche sind mehrere Sorten erhältlich. Es gibt eine weißrosa Sorte, die bekannteste ist die frühe *White Heart* mit großer, fleischiger Frucht und aromatischem Geschmack. *Bigarreau Napoléon* ist eine große, runde, mittelfrühe Kirsche mit angenehm festem Fleisch und einer gelben, rot überlaufenden Schale (besonders gut für Marmeladen geeignet). Die *Schwarze Bigarreau* ist eine mittelfrühe Kirsche mit knackigem, süßem Fleisch und einem delikaten Aroma. Schließlich die *White Bigarreau*, eine große, weiße, mittelfrühe Sorte mit knackigem, weißem Fleisch.
* In Deutschland erhältlich als Knorpel- oder Herzkirschen.

05 CORALISE

Eine mittelgroße, rote bis dunkelrote Kirsche mit einem angenehm festen und saftigen rosa Fruchtfleisch. Sie schmeckt schwach aromatisch und hat einen erfrischend säuerlichen Unterton.

06 HEDELFINGER

Sie gehört zu den besten Kirschsorten mit einer attraktiven, dunkelvioletten Farbe, knackigem Fruchtfleisch und süßem, delikat schmeckendem Saft.

07 REGINA

Eine sehr große Kirsche mit dunkelroter Schale und festem Fleisch mit süß-saurem Geschmack.

 Summit

Macarons de Paris (Pariser Makronen)

ZUTATEN
(für 60 Makronen)

Makronen:
*400 g Eiweiß
(von 10–14 Eiern, Klasse M)
200 g Zucker
4 g rote Lebensmittelfarbe
500 g Mandelpulver
700 g Puderzucker
farbiger Kristallzucker*

Fruchtpüree mit Summit-Kirschen:
*500 ml Kirschsaft (800 g Summit-Kirschen ergeben 500 ml Saft)
20 g Pektin
650 g Kristallzucker
180 g Glukose
10 g Zitronensäure*

Mandelfüllung:
*500 g Marzipan
(mit 40 % Mandelanteil)
150 g Kirschmarmelade
100 g Butter*

Außerdem:
*Spritzbeutel mit 8-mm-Tülle
Plastikfolie*

ZUBEREITUNG

Makronen: Das Eiweiß mit dem Zucker aufschlagen, bis es fest wird. Die rote Lebensmittelfarbe dazugeben und eine weitere Minute schlagen. Gesiebtes Mandelpulver und Puderzucker mit einem Spatel einrühren. Mit dem Spatel weiterrühren, bis sich der Teig einfalten lässt und glänzt. Makronenmasse in einen Spritzbeutel mit einer 8 mm weiten Tülle füllen. Makronen auf einem mit Backpapier ausgelegten Backblech zu 60 Tupfen ausspritzen und den farbigen Kristallzucker darüberstreuen. 1 Stunde trocknen lassen. Backofen auf 160 °C vorheizen. Makronen 10 Minuten backen.

Fruchtpüree mit Summit-Kirschen: Den Kirschsaft zum Kochen bringen, Pektin und 50 g Zucker einrühren und wieder zum Kochen bringen. Restliche 600 g Kristallzucker und die Glukose einrühren und zum dritten Mal zum Kochen bringen. Zitronensäure dazugeben und bei 108 °C kochen lassen. Die Masse in eine Schüssel gießen, mit Plastikfolie abdecken und 24 Stunden bei Zimmertemperatur binden lassen. Danach die Masse mit dem Spatel auflockern und mit einem Schneebesen aufschlagen, bis die Textur einer Marmelade entspricht.

Mandelfüllung: Alle Zutaten gut miteinander vermischen und die Masse auf die untere Hälfte der halbierten Makronen spritzen. Das Fruchtpüree in einen anderen Spritzbeutel löffeln und je einen Tropfen mitten auf die Makronenfüllung spitzen. Zweite Makronenhälfte daraufsetzen.

 *Kordia*

Crème brulée mit Kirschen

ZUTATEN
(für 6 Personen)

Crème brulée:
200 ml Milch
500 ml Sahne
100 g Zucker
Mark von 1 Vanilleschote
5 Eigelb

200 g Kordia-Kirschen
160 g Kristallzucker
3 EL Weingeist, 95 %

Außerdem:
6 feuerfeste Schalen
(8 cm Durchmesser)
Crème-brulée-Brenner

ZUBEREITUNG

Crème brulée: Bereiten Sie die Crème brulée einen Tag vor dem Essen zu. Milch und Sahne mit drei Vierteln des Zuckers und dem Vanillemark aufkochen. Die Eigelbe mit dem Rest des Zuckers verrühren und in die warme Masse einrühren. Die Masse auf 86 °C erhitzen. Sie darf nicht mehr kochen, sonst bilden sich Klümpchen. Vom Herd nehmen, abkühlen lassen und 24 Stunden in den Kühlschrank stellen.
Backofen auf 110 °C vorheizen.
Kirschen entsteinen, halbieren und in die Schalen legen. Mit der Crème brulée auffüllen. 1 Stunde im Backofen stocken lassen. Schalen aus dem Backofen holen und abkühlen lassen. Mit Kristallzucker bestreuen, den Alkohol darübergießen und die Oberfläche knusprig und goldgelb flambieren.

 —— *Bigarreau*

Kirsch-Cupcakes

ZUTATEN
(für 6 Personen)

ZUBEREITUNG

Cupcakes:
9 entsteinte und halbierte Bigarreau-Kirschen*
Grundrezept Cupcakes (siehe Seite 219), zubereitet mit 350 g pürierten Bigarreau-Kirschen* statt Fruchtpulpe

Garnieren:
100 g rosa Marzipan
18 rosa Marzipankugeln
100 g Zucker
Vanillelikör

Außerdem:
Spritzbeutel
18 Cupcake-Formen
18 Pipetten

*In Deutschland erhältlich als Knorpel- oder Herzkirschen.

Cupcakes: Backofen auf 180 °C vorheizen. In den Boden jeder Cupcake-Form eine halbierte Kirsche legen. Cupcake-Teig mit dem Spritzbeutel einfüllen. Cupcakes 20 Minuten im Ofen backen.
Garnieren: Das Marzipan ausrollen und 18 Räder ausstechen, die auf die Cupcakes passen. Cupcakes mit den Marzipanrädern belegen und die in Zucker gewälzten Marzipankugeln aufsetzen. Die Pipetten mit dem Vanillelikör füllen und in die Cupcakes stecken.

Coralise

Gourmetkuchen mit Kirschen, Joghurt und Spekulatius

ZUTATEN
(für 8 Personen)

Spekulatiusbiskuit:
400 g Mehl
300 g dunkler Kandiszucker
160 g zimmerwarme Butter
600 ml Milch
5 g Backpulver
2 g Salz
6 g Zimt
Butter zum Einfetten

Joghurtmousse:
6 Eier
150 g Zucker
10 Blatt Gelatine, in Wasser gequollen
800 ml halbsteife Sahne
400 g Joghurt

Kirschkompott:
100 ml Kirschsaft
100 g Zucker
5 g Szechuanpfeffer
10 Blatt Gelatine, in Wasser gequollen
600 g entsteinte Coralise-Kirschen

Bayerische Spekulatiuscreme:
1 l halbsteife Sahne
5 Blatt Gelatine, in Wasser gequollen

Garnieren:
300 g gemahlener Spekulatius
einige frische Kirschen
Marmeladenglasur (siehe Seite 220), zubereitet ohne Aprikosenpulpe

Außerdem:
1 Backblech (40 x 60 cm)
1 Kuchenform

ZUBEREITUNG

Spekulatiusbiskuit: Backofen auf 170 °C vorheizen. Alle Zutaten rasch verrühren. Backblech mit Butter einfetten. Biskuitteig auf die Größe des Backblechs ausrollen und auf das Blech legen. 15 Minuten im Ofen backen. Biskuitteig in zwei Hälften schneiden. Mit einer Hälfte den Boden der Kuchenform auslegen. Die andere Teighälfte fein zerkrümeln, davon 400 g Krümel abwiegen.

Joghurtmousse: Die Eier mit dem Zucker im Wasserbad (Bain-Marie) aufschlagen. Die ausgedrückten Gelatineblätter einzeln einrühren. Sahne und Joghurt mit einem Spatel unterziehen und die Masse gleichmäßig auf dem Kuchenboden verteilen.

Kirschkompott: Den Kirschsaft mit Zucker und Pfeffer aufkochen. Ausgedrückte Gelatine und Kirschen einrühren und abkühlen lassen. Kompott gleichmäßig auf der Joghurtmousse verstreichen.

Bayerische Spekulatiuscreme: Sahne mit den 400 g Biskuitkrümeln vermischen und die ausgedrückte Gelatine einrühren. Kuchenform mit dieser Creme auffüllen. Form in den Kühlschrank stellen, bis die Creme fest ist und sich der Kuchen aus der Form löst.

Garnieren: Mit gemahlenem Spekulatius und Kirschen garnieren, Letztere zum Abschluss dünn mit Marmeladenglasur bestreichen.

Tipp
Eine alternative Garnierung sind weiße Marshmallows, die vorher mit der Hand röhrenförmig ausgerollt werden.

Hedelfinger

Dessertteller mit Kirschen und Baiser

ZUTATEN
(für 6 Personen)

ZUBEREITUNG

Baiser:
100 g Eiweiß
(von 3–4 Eiern, Klasse M)
100 g Kristallzucker
50 g Puderzucker
50 g Joghurtpulver

Kirschsorbet:
400 g fein pürierte
Hedelfinger Kirschen
50 g Glukose
50 g Dextrose

Kirschcoulis:
200 g fein pürierte
Hedelfinger Kirschen
75 g Zucker
50 g Glukose

Garnieren:
40 g Baiserkrümel

Außerdem:
Spritzbeutel
Eismaschine
Silikonbackform für Halb-
kugeln (ca. 7 x 3,5 cm)
Dessertteller

Baiser: Backofen auf 110 °C vorheizen. Eiweiß, Kristall- und Puderzucker sowie Joghurt- pulver aufschlagen. Spritzbeutel mit der Masse füllen und die Masse in die Vertiefungen der Silikonbackform spritzen. Circa 2 Stunden im Backofen trocknen lassen.
Kirschsorbet: Zutaten verrühren, auf 45 °C erhitzen und wieder abkühlen lassen. Aus dem Püree in der Eismaschine ein Sorbet zubereiten. Mit einem kleinen Löffel vorsichtig die Halbkugeln aushöhlen. Das Sorbet in die Mulden der Baisers füllen. Das restliche Sorbet wird, wie im Foto gezeigt, zu Ringen gespritzt.
Kirschcoulis: Alle Zutaten miteinander verrühren, auf 35 °C erhitzen, abkühlen lassen und in die Sorbetringe füllen.
Garnieren: Auf Desserttellern anrichten und mit Baiserkrümeln dekorieren.

 *Regina*

Bonbons aus Regina-Kirschen

ZUTATEN
(für 60 Bonbons)

Fruchtpaste mit Regina-Kirschen:
500 ml Kirschsaft
(aus 800 g Regina-Kirschen)
20 g Pektin
850 g Kristallzucker
180 g Glukose
10 g Zitronensäure

Außerdem:
60 Bonbonformen
(Silikonbackform, 3 x 1 cm)

ZUBEREITUNG

Kirschsaft zum Kochen bringen, dann Pektin und 50 g Zucker einrühren. Erneut zum Kochen bringen. Anschließend 600 g Zucker und die Glukose einrühren und die Masse zum dritten Mal zum Kochen bringen. Zitronensäure dazugeben und sie bei 108 °C ein weiteres Mal aufkochen. Fruchtmasse in die Bonbonformen gießen und 24 Stunden bei Zimmertemperatur aushärten lassen. Bonbons aus den Formen holen und im restlichen Kristallzucker wälzen.

Foodpairing mit Kirschen

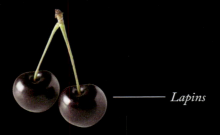 *Lapins*

Lapins-Kirschen mit Kirschblütenmilch, Matcha-Kuchen und einer Ganache aus Cointreau und Gin

ZUTATEN
(für 4 Personen)

Kirschblütenmilch:
250 ml Ziegenmilch
40 g Kirschblüten

Madeleinekuchen mit Matcha:
Madeleineteig, die halbe Menge
(siehe Seite 217)
30 g Matcha-Tee

Ganache mit Cointreau und Gin:
100 ml Kirschsaft aus Lapins-Kirschen
35 g Honig
50 ml Sahne
350 g Bitterschokolade (mindestens 60 %)
20 g zimmerwarme Butter
15 ml Cointreau
10 ml Gin

Garnieren:
8 g Matcha-Tee
12 Lapins-Kirschen

Außerdem:
quadratische Backform (15 x 15 cm, 2 cm tief)
Spritzbeutel mit glatter Tülle (8 mm Durchmesser)

ZUBEREITUNG

Kirschblütenmilch: Ziegenmilch zum Kochen bringen, über die Kirschblüten gießen und in einem Glas abkühlen lassen. Glas zuschrauben und 24 Stunden ruhen lassen. Milch durch ein Sieb in einen Messbecher seihen.

Madeleinekuchen mit Matcha: Backofen auf 180 °C vorheizen. Matcha-Teepulver in den Madeleineteig rühren. Teig in die Backform füllen und den Kuchen 15 Minuten im Ofen backen. Den Kuchen abkühlen lassen, aus der Form lösen und in 2 x 2 cm große Würfel schneiden.

Ganache: Kirschsaft, Honig und Sahne zum Kochen bringen. Topf vom Herd nehmen und die Flüssigkeit über die fein gewürfelte Schokolade gießen. Mit einem Spatel gut umrühren. Butter mit einem Spatel unterziehen, anschließend Cointreau und Gin. Mixen, bis die Masse fein und glatt aussieht. Abkühlen lassen und in den Spritzbeutel löffeln.

Garnieren: Drei Kleckse Kirschganache in die Mitte eines tiefen Tellers spritzen. Matcha-Kuchen vorsichtig daraufstellen und einen weiteren Klecks Ganache aufspritzen. Mit einer Kirsche garnieren. Die Kirschblütenmilch in den Teller gießen, bis der Boden des Kuchens gerade in der Milch steht. Etwas Teepulver über die Blütenmilch stäuben.

5
Pfirsiche
Aprikosen
Nektarinen

Pfirsiche, Aprikosen, Nektarinen

Obwohl der lateinische Name des Pfirsichs (*Prunus persica*) eine Herkunft aus Persien vermuten lässt, stammen auch diese Fruchtbäume wie so viele andere aus China. Sie wurden wahrscheinlich von den Römern nach ihrem Sieg über die Perser nach Südeuropa mitgebracht. Pfirsiche, aber auch Aprikosen und Nektarinen gehören wie Pflaumen, Kirschen und Mandeln zur Familie der Rosengewächse.

Nektarinen sind eine Mutation der Pfirsiche. Sie trat zwar spontan auf, wurde aber durch Züchtung und Pfropfung weiter verbessert. Nektarinen haben eine glänzende Schale. Während der Steinkern der Nektarinen frei in einer Höhle liegt, ist er beim Pfirsich mit dem Fruchtfleisch verbunden. Aus diesem Grund und weil das Fruchtfleisch etwas fester ist als beim Pfirsich, lassen sich Nektarinen angenehmer roh essen. Außerdem ist die Frucht nicht so anfällig gegen Druckstellen wie der Pfirsich. Daher sind Nektarinen im Obsthandel beliebter als Pfirsiche, obwohl ihr blumiger Geschmack im Vergleich mit dem Pfirsich schwächer ausfällt. Aprikosen wurden mindestens 2.000 Jahre vor Christi in China gezüchtet. Sie tauchen seltener im Obsthandel auf, weil sie sehr früh blühen und die Blüten daher durch Spätfröste gefährdet sind. Damit sie ihr volles Aroma ausbilden, brauchen Sie viele Stunden Sonnenschein, vertragen aber keine hohen Temperaturen. Aprikosen brauchen viel Regen und müssen bis zur Vollreife auf dem Zweig bleiben.

Diese Bedingungen treffen nur selten optimal zusammen. Eine vollreife Aprikose hat köstliches, saftiges und frisches Fruchtfleisch. Alle drei Früchte – Pfirsiche, Nektarinen und Aprikosen – müssen beim Kauf ein ausgeprägt blumiges Aroma haben, das sich vor allem bei vollreifen Exemplaren entwickelt. Pfirsiche mit weißem Fruchtfleisch sind nicht aromatischer als Sorten mit gelbem. Die Farbe des Fruchtfleischs wird nur von Pigmenten bestimmt, die keinen Einfluss auf Zucker und Fruchtsäuren als eigentliche Geschmacksträger haben. Da weiße Pfirsiche beim Erhitzen ihre Struktur leichter verlieren als gelbe Sorten, eignen sich die gelbfleischigen Früchte besser für Kuchen und Gebäck. Bevor die Pfirsiche gekocht werden, muss die Schale abgezogen werden – sie wird in der Hitze ledrig. Um die Farbe zu erhalten, werden die Pfirsiche in Wasser mit etwas Essig oder Zitronensaft gelegt.

Der Geschmack einer vollreifen Aprikose hält die feine Balance zwischen süß und sauer. Da die Süße durch das Kochen verstärkt wird, brauchen sie in Kuchen, Marmeladen und anderen Zubereitungen weniger Zucker.

Sowohl Pfirsiche als auch Nektarinen und Aprikosen müssen vor der Verarbeitung geschält werden. Bei reifen Früchten löst sich die Schale relativ leicht. Falls nicht, legen Sie die Früchte kurz in kochendes Wasser und schrecken sie unter kaltem Wasser ab. So wird die Schale griffiger und lässt sich leichter lösen. Besonders leicht löst sich die Schale, wenn die Früchte vor dem Überbrühen halbiert werden und der Stein entfernt wird. Pfirsiche, Nektarinen und Aprikosen dürfen nach dem Kauf zwei bis drei Tage liegen bleiben; sie werden nicht im Kühlschrank, sondern bei etwa 20 °C Zimmertemperatur gelagert.

Einige Sorten

01 GELBER PFIRSICH

Ein saftiger Pfirsich mit ausgewogen süß-saurem Geschmack. Er ist haltbarer als weiße Pfirsiche.

02 WEISSER PFIRSICH

Aromatischer als der gelbe Pfirsich mit feinem, süßem Geschmack.

03 BERGERON

Eine französische Aprikosenart mit großen, orangefarbenen, rot überlaufenden Früchten; sehr fest und sehr saftig.

04 SPRING BLUSH

Eine frühe, orangefarbene Aprikose mit festem Fleisch. Sie ist nicht so saftig, hat aber einen weichen, delikaten Geschmack.

05 PERLE COT*

Eine frühe, orangefarbene Aprikose mit angenehmem Glanz; süß und saftig.
* Alternativ verwendbar: Bergeron, Orangered

06 NEKTARINE

Geschmacklich ähneln die Nektarinen den Pfirsichen, haben aber eine glatte, glänzende Schale. Nektarinen behalten beim Backen besser ihre Form.

 — *Bergeron*

Aprikosen-Clafoutis

ZUTATEN
(für 2 Kuchen)

*Mürbeteig
(siehe Seite 216)
16 Bergeron-Aprikosen*

*200 g Mandelpulver
150 g Zucker
8 Eier
60 ml Traubenkernöl
400 ml Sahne*

Außerdem:
*2 Backformen
(17 cm Durchmesser)*

ZUBEREITUNG

Backofen auf 180 °C vorheizen. Backformen mit dem Mürbeteig auslegen und 20 Minuten im Backofen vorbacken.
Aprikosen halbieren und entsteinen.
Mandelpulver mit Zucker, Eiern und Traubenkernöl zu einer glatten Masse verrühren. Sahne einrühren und weiterrühren, bis die Masse homogen ist.
Backofen auf 200 °C vorheizen.
Aprikosen gleichmäßig auf den Kuchenböden verteilen. Mandelmasse bis zum Rand der Backformen eingießen. Kuchen 20 Minuten im Ofen fertig backen.

 ———— *Gelber Pfirsich*

Pfirsich-Cupcakes

ZUTATEN
(für 6 Personen)

Cupcakes:
1 Pfirsich, in 18 Stücke geschnitten
Grundrezept Cupcakes (siehe Seite 219), zubereitet mit 350 g fein püriertem Pfirsichfleisch statt Fruchtpulpe

Garnieren:
100 g gelbes/orangefarbenes Marzipan
18 gelbe/orangefarbene Marzipankugeln
100 g Zucker
Pfirsichlikör

Außerdem:
Spritzbeutel
18 Cupcake-Formen
18 Pipetten

ZUBEREITUNG

Cupcakes: Backofen auf 180 °C vorheizen. In jede Cupcake-Form ein Stück Pfirsich legen. Cupcake-Teig mit dem Spritzbeutel einfüllen. 20 Minuten im Backofen backen. Garnieren: Marzipan ausrollen und 18 Räder ausstechen, die auf die Cupcakes passen. Cupcakes mit den gelben/orangefarbenen Marzipanrädern belegen und die in Zucker gewälzten Marzipankugeln aufsetzen. Pipetten mit Pfirsichlikör füllen und in die Cupcakes stecken.

 *Nektarine*

Nektarinenkuchen mit Erdbeermarmelade und Zitronenmakrone

ZUTATEN
(für 6 Personen)

Mürbeteig
(siehe Seite 216)
8 Nektarinen

Erdbeermarmelade:
200 g Erdbeeren
200 g Pektin

Joghurt-Clafoutis:
150 ml Joghurt
150 ml Sahne
150 g Zucker
150 ml Milch
8–10 g Eier
(Klasse M; 450 g)

Zitronenmakrone:
Makronenteig
(siehe Seite 217)
gelbe Lebensmittelfarbe
abgeriebene Schale von
3 unbehandelten Zitronen

Außerdem:
2 Backformen
(17 cm Durchmesser)
Spritzbeutel

ZUBEREITUNG

Backofen auf 180 °C vorheizen. Backformen mit dem Teig auslegen und 20 Minuten im Backofen vorbacken.
Nektarinen schälen und in Scheiben schneiden.
Erdbeermarmelade: Erdbeeren und Pektin 4 Minuten einkochen.
Joghurt-Clafoutis: Joghurt, Sahne, Zucker und Milch verrühren, die Eier unterschlagen.
Zitronenmakrone: Die gelbe Lebensmittelfarbe unter den Makronenteig ziehen und die Zitronenschale einrühren.
Backofen auf 200 °C vorheizen. Die vorgebackenen Kuchenböden mit einer Schicht Marmelade bestreichen. Beide gleichmäßig mit den Nektarinenscheiben belegen. Die Clafoutis-Masse darübergießen und die Kuchen wieder in den Backofen stellen, bis der Clafoutis stockt (etwa nach 25 Minuten). Kuchen aus dem Backofen holen und abkühlen lassen.
Backofen auf 170 °C einstellen. Makronenteig in den Spritzbeutel füllen und spiralförmig auf die Kuchen spritzen. Weitere 10 Minuten im Backofen backen.

 — *Bergeron*

Mille-feuilles mit Aprikosen

ZUTATEN
(für 20 Personen)

ZUBEREITUNG

Marmelade zum Backen:
500 g Aprikosenpulpe
300 g Zucker
50 g Kartoffelstärke

Feine Aprikosenmarmelade:
500 g Aprikosenpulpe
400 g Gelierzucker

Marmeladenglasur:
520 g Zucker
250 g fein pürierte Aprikosen
5 g Agar-Agar
100 g Glukose

Plunderteig
(siehe Seite 216)
Mehl
1 verquirltes Ei

Außerdem:
Backblech
(40 x 60 xm)

Marmelade zum Backen: Aprikosenpulpe mit dem Zucker zum Kochen bringen. Kartoffelstärke in 100 ml Wasser einrühren und in die kochende Masse gießen. Unter beständigem Rühren wieder zum Kochen bringen. Topf vom Herd nehmen und rasch abkühlen lassen.
Feine Aprikosenmarmelade: Zutaten mit 100 ml Wasser in einem Topf verrühren. Zum Kochen bringen und fein pürieren.
Marmeladenglasur: 320 ml Wasser mit 320 g Zucker und Aprikosenpüree zum Kochen bringen. Restliche 200 g Zucker und Agar-Agar einrühren. Erneut zum Kochen bringen. Dann die Glukose einrühren und zum dritten Mal aufkochen. Den Topf vom Herd nehmen und abkühlen lassen.
Fertigstellen: Den Plunderteig 2 mm dick ausrollen und damit das Backblech auslegen. Teig mit der Gabel mehrfach einstechen und Mehl in die Löcher reiben. Mit Backmarmelade bestreichen. Teig in 2 cm breite Streifen (ca. 40) schneiden und jeweils mehrere davon übereinanderschichten. Die Streifen mit Ei einpinseln und mindestens 4 Stunden ruhen lassen.
Backofen auf 170 °C vorheizen. Plunderteilchen etwa 60 Minuten im Backofen backen. Abkühlen lassen.
Die warme, feine Aprikosenmarmelade über die Mille-feuilles gießen und abkühlen lassen. Mit der Marmeladenglasur überziehen.

 — *Weißer Pfirsich*

Beignets mit weißen Pfirsichen

ZUTATEN
(für 10 Beignets)

10 feste, flache Pfirsiche

Beignet-Teig:
200 g Eiweiß
(von 5–7 Eiern, Klasse M)
80 g Zucker
7 g Salz
300 g weißes Maismehl
50 g Roggenmehl
3 Eigelb
1 l alkoholarmes Bier
50 ml Traubenkernöl

2 l Frittieröl

Außerdem:
Gitterrost
*2 Handvoll gewaschenes,
getrocknetes Heu*

ZUBEREITUNG

Pfirsiche mit einem scharfkantigen Kiwilöffel entsteinen.
Beignet-Teig: Eiweiß mit Zucker und Salz aufschlagen. Mehlsorten, Eigelbe, Bier und Traubenkernöl gut verrühren, dann unter die Eiweißmasse heben.
Frittieröl auf 180 °C erhitzen.
Die Pfirsiche durch den Beignet-Teig ziehen und im Öl frittieren, bis sie goldbraun und knusprig sind. Auf einem Gitter über dem Heu abtropfen lassen. Sofort abdecken, damit sie nicht auskühlen und das feine Aroma des Heus annehmen.

 *Spring Blush*

Aprikosen-Gourmetkuchen

ZUTATEN
(für 12 Personen)

Walnuss- und Haselnussbiskuit:
*950 g Eiweiß
(von 24–32 Eiern,
Klasse M)
900 g Zucker
375 g gehackte Haselnüsse
375 g gehackte Walnüsse
150 g Mehl
Cognac*

Maronenmousse:
*5 Eigelb
100 g Zucker
300 ml Milch
6 Blatt Gelatine, in
Wasser gequollen
500 g Maronencreme
(Crème de Marrons)
500 ml halbsteife Sahne*

Bayerische Creme mit Aprikosen:
*300 g pürierte Aprikosen
100 g Puderzucker
6 Blatt Gelatine, in
Wasser gequollen
1 l halbsteife Sahne*

Garnieren:
*Aprikosenglasur
(siehe Seite 220), zube-
reitet mit orangefarbener
Lebensmittelfarbe
Aprikosenmarmelade
(siehe Seite 143)
Schokoflocken*

Außerdem:
*1 Backblech (20 x 30 cm)
Backring
(4 cm Durchmesser)
12 Backformen
(4 cm Durchmesser)
Spitzsieb
Palettenmesser
Spritzbeutel*

ZUBEREITUNG

Nussbiskuits: Backofen auf 180 °C vorheizen. Eiweiß mit 150 g Zucker aufschlagen, dann die gehackten Nüsse, restliche 750 g Zucker und das Mehl einrühren. Backblech mit Backpapier auslegen. Den Teig daraufgießen und mit dem Palettenmesser gleichmäßig 1 cm dick glatt streichen. 25 Minuten im Backofen backen. Biskuitteig aus dem Ofen nehmen und abkühlen lassen. Dann mit einem Backring 12 Kreise ausstechen. In jede Backform einen Kreis legen und reichlich Cognac darüberträufeln.
Maronenmousse: Eigelbe leicht mit dem Zucker aufschlagen. Die Milch zum Kochen bringen, die Eimasse eingießen und auf 86 °C erhitzen. Die Masse darf nicht mehr kochen, damit die Eier nicht gerinnen. Alles durch ein Spitzsieb in einen Topf gießen. Ausgedrückte Gelatine und Maronencreme gründlich einrühren, bis alle Zutaten gut vermischt sind. Abkühlen lassen. Halbsteife Sahne unterziehen. Die Backformen mit der Masse füllen.
Bayerische Creme mit Aprikosen: Aprikosenpüree, Puderzucker und ausgedrückte Gelatine zu einer homogenen Masse mixen und die Sahne unterziehen. Die Creme in die Backformen gießen, bis sie voll sind. Oberflächen glatt streichen und für mindestens 24 Stunden in den Kühlschrank stellen. Die Kuchen sollen fest sein.
Garnieren: Die Kuchen aus den Formen lösen. Auf ein Gitterrost stellen, die Oberflächen mit der Aprikosenglasur bestreichen und mit dem Palettenmesser glätten. Mit dem Spritzbeutel aus Aprikosenmarmelade kleine Aprikosenwirbel daraufspritzen und mit Schokoflocken garnieren.

 *Perle Cot*

Aprikosenbrötchen

ZUTATEN
(für 30 kleine Brötchen)

Teig:
1 kg braunes Maismehl
570 ml Milch
1 Ei
80 ml Olivenöl
70 g Hefe
20 g Salz

Füllung:
150 g Perle-Cot-Aprikosen*
15 g Rosmarin
10 g Lavendelblüten
150 g geröstete Haselnüsse

Glasur:
150 g Haselnusspulver
150 g Kristallzucker
150 g Eiweiß
(von 4–5 Eiern, Klasse M)

**Alternativ verwendbar:*
Bergeron, Orangered

ZUBEREITUNG

Teig: Aus Maismehl, Milch, Ei, Olivenöl und Hefe einen Teig kneten, nach etwa der Hälfte der Knetzeit das Salz zugeben.
Füllung: Die Aprikosen halbieren, entsteinen und in kleine Stücke schneiden. Rosmarin hacken, Lavendelblüten klein schneiden. Alles mit den Haselnüssen vermischen. Füllung in den Teig einarbeiten, 30 Minuten gehen lassen.
Teig mehrmals kräftig falten, um die vorhandene Luft auszutreiben. Den Teig nochmals 30 Minuten gehen lassen. In 30 gleich große Stücke teilen und daraus Kugeln formen.
Glasur: Zutaten für die Glasur vermischen und die Teigbällchen darin wälzen.
Brötchen auf ein Backblech legen und 1 Stunde gehen lassen.
Backofen auf 220 °C vorheizen. Brötchen 10 Minuten im Backofen backen.

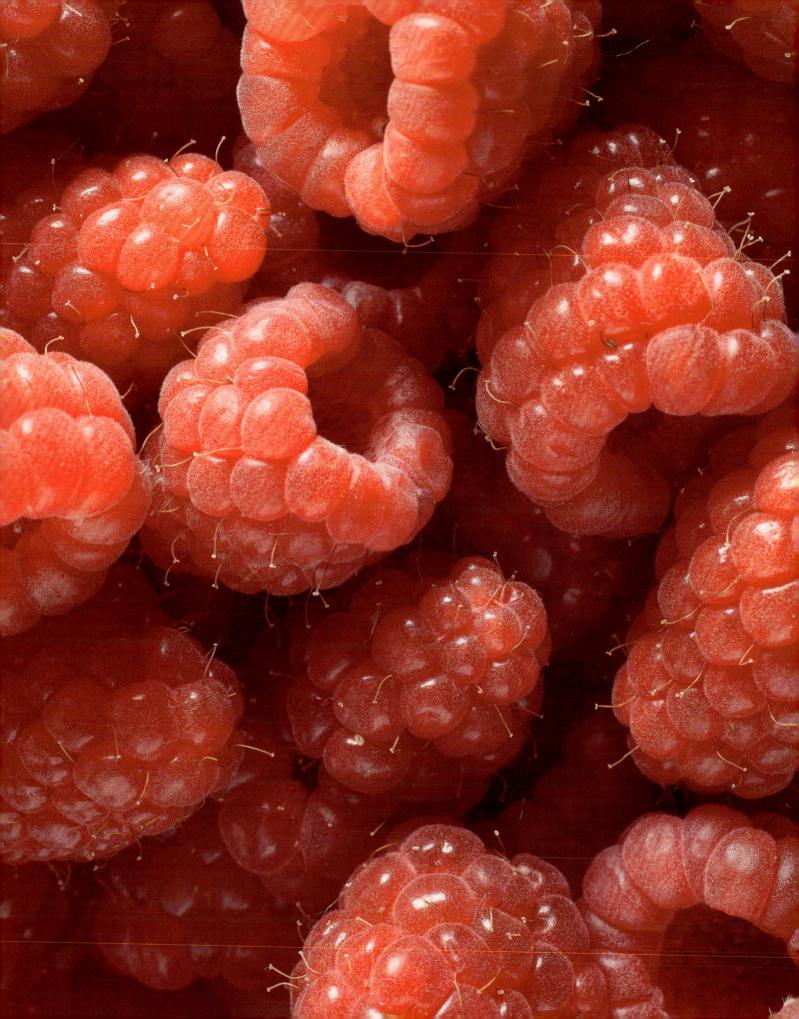

6 Rote Früchte

Erdbeeren und Himbeeren

Am Anfang unserer *Erdbeeren* standen die einfachen Walderdbeeren. Sie wachsen seit der Vorgeschichte in unseren Wäldern und werden seit Tausenden von Jahren roh verzehrt. Vom 13. bis zum Anfang des 19. Jahrhunderts wurden diese Erdbeeren dann systematisch miteinander gekreuzt und gezüchtet. Dennoch sind sie nicht die direkten Vorfahren unserer Speiseerdbeeren. Diese Ehre gebührt einer hybriden Pflanze, die um 1750 als Produkt einer Kreuzung aus zwei exotischen Arten hervorging. Die erste Art war *Fragaria virginiana,* die zu Beginn des 17. Jahrhunderts aus Amerika nach Europa eingeführt wurde. Sie war die erste Erdbeere auf dem europäischen Kontinent mit großen Früchten. Der zweite Kreuzungspartner war *Fragaria chiloensis,* die 1714 von dem französischen Spion Amédée-François Frezier in Chile „gestohlen" wurde. Diese Art wuchs zwar zu kräftigen, großen Pflanzen mit herrlichen Blüten heran, bildete aber keine Früchte, da Frezier nur weibliche Pflanzen mitgebracht hatte. Also probierten die Züchter den Pollen anderer männlicher Erdbeerarten aus. Erst nachdem alle Versuche mit der heimischen Walderdbeere fehlgeschlagen waren, erinnerte man sich an die exotische *Fragaria virginiana.* Die Kreuzung gelang und die daraus resultierende *Fragaria x ananassa* wurde zum Urahnen aller modernen Erdbeeren. Der französische Name „fraise" für Erdbeere ehrt nachträglich Monsieur Frezier.
Die wichtigsten belgischen Anbauzentren für Erdbeeren sind Hoogstraten, Hageland, Pajottenland, Waasland, Sint-Truiden, Wépion und Tihange. Etwa 90 Prozent aller Produzenten bauen die Sorte *Elsanta* an. Diese Sorte ist äußerst beliebt, da sich die Früchte leicht ernten lassen, eine gute Form haben, leicht zu lagern und einzukochen sind. Daher gehören auch 75 Prozent aller kommerziell angebotenen Früchte dieser Sorte an. Neben *Elsanta* ist auch *Darselect* auf dem Markt – ebenfalls mit guten, großen Früchten und einem angenehmen, süßen Geschmack. Unter den älteren Sorten haben vielleicht *Lambada* und *Clery* noch eine gewisse Bedeutung. Im Frühling wird vereinzelt auch die französische Sorte *Gariguette* angebaut, eine köstliche Erdbeere mit feinem Geschmack und Aroma.
Daneben existieren Hunderte von sehr selten oder nie angebotenen Sorten. Sie sind entweder zu empfindlich für den Transport oder zu anfällig für Krankheiten und daher kommerziell kaum nutzbar. Dabei zeichnen sich gerade viele der alten Sorten durch außerordentlich vollen Geschmack und Aroma aus und sind deshalb den kommerziellen Sorten weit überlegen. Die Sorte *Brombach* hat beispielsweise einen vollmundigen, weichen Geschmack, der an Kirschen erinnert, *Frau Mieze Schindler* schmeckt nach Himbeeren und *Mara des Bois* hat noch das würzige Aroma wilder Walderdbeeren.
Die Erdbeere ist übrigens eine Scheinfrucht: Wir essen den saftig verdickten Blütenboden – die eigentlichen Früchte sitzen als kleine, knackige Nüsschen außen auf der Scheinfrucht. Eine durchschnittliche Erdbeere trägt 200 dieser Nüsschen.

Auch *Himbeeren* sind Scheinfrüchte. Sie schmecken intensiv süß, haben ein feines Aroma und weiches, saftiges Fruchtfleisch. Es gibt rote und gelbe Sorten, die beide sehr empfindlich sind und leicht verderben.

Kaufen
Erdbeeren werden mit den Augen und der Nase gekauft. Sie müssen frisch riechen, sich fest anfühlen, eine helle Farbe haben und fleckenlos sein. Die Kelchblätter am Stiel müssen grün sein und fest an der Frucht haften. Gutes Fruchtfleisch ist weiß und klar. Lassen Sie sich nicht von der Größe verführen, denn kleine und mittelgroße Früchte haben häufig den besten Geschmack. Da Erdbeeren nicht mehr nachreifen, lohnen ausschließlich vollreife Früchte den Kauf. Wenn die Erdbeeren im Körbchen angeboten werden, muss dessen Innenseite trocken und die Erdbeeren der unteren Lagen dürfen weder zerdrückt noch schimmelig sein. Eine einzige schimmelige Beere kann alle anderen verderben.

Reife und frische Himbeeren sind weich, haben eine leuchtend tiefrote Farbe und einen süßen, aromatischen Duft. Achten Sie wie bei den Erdbeeren auf Anzeichen von Fäulnis oder Schimmel. Himbeeren sind sehr empfindlich und müssen am Tag des Kaufs verzehrt oder verbraucht werden.

Lagern
Wenn die Erdbeeren nicht sofort verbraucht werden, gehören sie in ein Küchensieb, damit die Luft zirkulieren kann. Darin werden bis zum Gebrauch im Kühlschrank aufbewahrt. Sie können aber auch nebeneinander auf Backpapier ausgebreitet im Kühlschrank lagern. Im Sieb oder auf Backpapier halten sie sich zwei bis drei Tage. Himbeeren sollten möglichst am Tag des Kaufs verzehrt oder verbraucht werden, bleiben im Kühlschrank (Gemüsefach oder in einer Schale mit Frischhaltefolie) aber noch ein bis zwei Tage frisch.

Backen
Erdbeeren werden vorsichtig unter fließendem Wasser gesäubert und sofort mit Küchenpapier trocken getupft; erst danach werden die Kelchblätter entfernt. Himbeeren brauchen nicht gewaschen zu werden. Wenn Sie die Früchte unbedingt waschen möchten, dann vorsichtig; im Sieb abtropfen lassen.

Einige Sorten

01 ROTE WALDERDBEERE

Eine kleine Erdbeere mit sehr intensivem Geschmack; Ernte ab Ende Juni.

02 WEISSE WALDERDBEERE

Eine kleine Erdbeere mit leichtem Zitronengeschmack; Ernte ab Ende Juni.

03 ELSANTA

Die häufigste im Handel angebotene Sorte mit festem, saftigem Fruchtfleisch. Die Beeren schmecken süß. Länger haltbar als andere Sorten; Ernte ab Anfang Juni.

04 GARIGUETTE

Eine kleine, längliche Sorte aus Frankreich mit dem intensiven Aroma von Walderdbeeren und süß-saurem Geschmack; Ernte ab Mitte Mai.

05 MARA DES BOIS

Eine relativ kleine Erdbeere mit dem ausgeprägten Duft von Walderdbeeren und sehr süßem Geschmack; Ernte ab Anfang Mai.

06 TULAMEEN

Feste, große Beeren mit reichlich Saft. Sie lassen sich gut verarbeiten, schmecken aber auch als Tafelobst; Ernte ab der ersten Julihälfte.

07 POLKA

Eine große, feste, saftreiche Beere; Ernte ab September.

08 GLEN CLOVA

Eine mittelgroße, rote Himbeere mit relativ wenig Saft, aber vollem Geschmack.

 — *Rote Walderdbeere*

Mascarpone, Yuzu-Creme und Makronen-Tuile

ZUTATEN
(für 6 Personen)

Mousse aus roten Walderdbeeren:
200 g Mascarpone
40 g Puderzucker
2 Blatt Gelatine, in Wasser gequollen und geschmolzen
100 g Walderdbeerpulpe

Yuzu-Creme:
Fruchtcreme
(siehe Seite 219), zubereitet mit 480 ml Yuzu-Saft statt Fruchtpulpe

Makronen-Tuile:
400 g Eiweiß
(von 10–14 Eiern, Klasse M)
200 g Zucker
4 g rote Lebensmittelfarbe
500 g Mandelpulver
700 g Puderzucker
rot gefärbter Kristallzucker

Garnieren:
einige frische Walderdbeeren

Außerdem:
längliche Form (3 x 9 cm)
Ausstechring
(3 cm Durchmesser)
6 Plastikröhrchen

ZUBEREITUNG

Erdbeermousse: Mascarpone mit dem Puderzucker und Gelatine mit der Erdbeerpulpe verrühren. Beides zu einer Mousse verarbeiten und einige Plastikröhrchen damit füllen. Im Gefrierfach fest werden lassen.
Yuzu-Creme: Als Ersatz für den Yuzu-Saft – falls nicht verfügbar – vermischt man 70 % Zitronensaft mit 30 % Mandarinensaft.
Makronen-Tuile: Eiweiß mit dem Zucker aufschlagen, bis es fest wird. Die rote Lebensmittelfarbe dazugeben und 1 weitere Minute schlagen. Das gesiebte Mandelpulver und den Puderzucker mit einem Spatel unterziehen. Weiter mit dem Spatel verrühren, bis die Masse zusammenfällt und glänzt. Die Masse gleichmäßig in der Form verteilen und den gefärbten Zucker darüberstreuen. 1 Stunde trocknen lassen. Makronen-Tuile aus der Form nehmen. Nach Belieben einige Kreise zum Garnieren ausstechen.
Garnieren: Mithilfe von zwei Esslöffeln Klößchen aus der Yuzu-Creme stechen. Plastikröhrchen mit der Mousse in gleich große Stücke schneiden, mit der Hand erwärmen und die eiskalte Mousse auslösen. Klößchen, Mousse und Walderdbeeren wie auf dem Foto anrichten.

Tipp
Aus 2 mm dicker Plastikfolie oder Pappe lassen sich passende Formen basteln.

Weiße Walderdbeere

Pistazienkuchen mit weißen Walderdbeeren und Möhrenblumen

ZUTATEN
(für 6 Personen)

Pistazienkuchen:
110 g gehackte Pistazien
360 g Puderzucker
170 g Eiweiß
(von 5–6 Eiern, Klasse M)
400 g geklärte Butter
300 g Mehl

Löffelbiskuit-Kuchen:
150 g Zucker
200 g Pistazien, zu einer Paste gemahlen
40 g Mehl
15 g Traubenkernöl
7–8 Eier (Klasse M; 400 g)

Pistazienstreusel:
75 g zimmerwarme Butter
5 g Salz
75 g Zucker
50 g Mehl
30 g gehackte Pistazien

Pistaziencreme:
100 g geschälte Pistazien
40 g Puderzucker
ausgeschabtes Mark von 1 Vanilleschote
230 g Mascarpone

Garnieren:
Möhrenblüten (oder andere essbare, weiße Blüten)
1 Körbchen weiße Walderdbeeren

Außerdem:
6 Backformen für Hefekranz (Frankfurter Kranz)
Siphon mit Gaspatronen
6 Papptassen

ZUBEREITUNG

Pistazienkuchen: Backofen auf 180 °C vorheizen. Alle Zutaten zu einem Teig verarbeiten und den Teig in die Kranzformen füllen, bis sie halb voll sind. Im Backofen 25 Minuten backen.
Löffelbiskuit-Kuchen: Zucker, Pistazien und Mehl so fein wie möglich im Mixer verarbeiten. Nach und nach das Traubenkernöl und einzeln die Eier zugeben. Die Masse durch ein Sieb passieren und in den Siphon füllen. Die Masse in die Papptassen spritzen, bis sie halb voll sind, und für 1 Minute in die Mikrowelle (volle Leistung) stellen. Danach sofort ins Gefrierfach stellen. Wenn die Löffelbiskuit-Kuchen vollständig erkaltet sind, vorsichtig mit einer Gabel aus den Tassen lösen. Die Kuchen können auch bis zum Gebrauch im Gefrierfach bleiben.
Pistazienstreusel: Alle Zutaten vermischen und für 1 Stunde in den Kühlschrank stellen. Backofen auf 180 °C vorheizen. Biskuitmasse auf ein Backblech krümeln und 10 Minuten im Backofen backen.
Pistaziencreme: Pistazien und Puderzucker in der Küchenmaschine zu einer feinen Paste vermischen. Das Vanillemark dazugeben und Mascarpone beimischen, bis die Masse cremig wird.
Garnieren: Alle Zutaten nach persönlichem Geschmack zu einer kreativen Komposition zusammenstellen. Mit Möhrenblüten und weißen Walderdbeeren dekorieren.

Weiße Walderdbeere — *Rote Walderdbeere*

Tarte aus Walderdbeeren mit Matcha und Limettencreme

ZUTATEN
(für 2 Torten)

*Mürbeteig
(siehe Seite 216)
Butter zum Einfetten*

Matcha-Streusel:
*80 g Feuilletine
(oder Krümel aus kross gebackenen, gerollten Pfannkuchen)
30 g Matcha-Teepulver
200 g weiße Schokolade, geschmolzen
100 g Pistazienpaste*

Limettencreme:
*Fruchtcreme
(siehe Seite 219), zubereitet mit 480 ml Limettensaft statt Fruchtpulpe*

Garnieren:
*1 Körbchen weiße Walderdbeeren
1 Körbchen rote Walderdbeerem
1 Körbchen Sauerkleeblätter*

Außerdem:
*2 quadratische Tarte-Formen
(17 x 17 cm)*

ZUBEREITUNG

Mürbeteig: Backofen auf 180 °C vorheizen. Teig 7 mm dick ausrollen und die gebutterten Tarte-Formen damit auslegen. Im Backofen 20 Minuten backen. Herausnehmen, abkühlen lassen und die Böden aus den Formen lösen.
Matcha-Streusel: Alle Zutaten vermischen und die Masse auf den Tortenböden verteilen, bis sie vollständig bedeckt sind.
Limonencreme: Fruchtcreme gleichmäßig auf den Tartes verteilen.
Garnieren: Mit Walderdbeeren und Sauerkleeblättern garnieren.

 *Gariguette*

Mürbeteiggebäck mit Erdbeeren, Mandeln und Pistazien

ZUTATEN
(für 2 Tartes)

*Mürbeteig
(siehe Seite 216)
Butter zum Einfetten*

Makronen-Tuile:
*400 g Eiweiß
(von 10–14 Eiern, Klasse M)
200 g Zucker
4 g rote Lebensmittelfarbe
500 g Mandelpulver
700 g Puderzucker
rot gefärbter Kristallzucker*

Mandel-Pistazien-Streusel:
*60 g geröstete und zerdrückte Mandeln
60 g zerdrückte Pistazien
200 g weiße Schokoladenglasur, geschmolzen
100 g Mandelpaste*

*Fruchtcreme
(siehe Seite 219), zubereitet mit 480 ml Zitronensaft statt Fruchtpulpe*

25 Gariguette-Erdbeeren

Außerdem:
*2 runde Tarte-Formen
(17 cm Durchmesser)
1 längliche Form (3 x 9 cm)
Spritzbeutel*

ZUBEREITUNG

Mürbeteig: Backofen auf 180 °C vorheizen. Mürbeteig 7 mm dick ausrollen und die gebutterten Tarte-Formen damit auslegen. Im Backofen 20 Minuten backen. Herausnehmen und abkühlen lassen.
Makronen-Tuile: Eiweiß mit dem Zucker aufschlagen, bis es fest wird. Die rote Lebensmittelfarbe dazugeben und 1 weitere Minute schlagen. Das gesiebte Mandelpulver und den Puderzucker mit einem Spatel unterziehen. Weiter mit dem Spatel verrühren, bis die Masse zusammenfällt und glänzt. Die Masse gleichmäßig in der Form verteilen und den gefärbten Zucker darüberstreuen. 1 Stunde trocknen lassen. Makronen-Tuile aus der Form nehmen und einige Kreise zum Garnieren ausstechen.
Mandel-Pistazien-Streusel: Alle Zutaten vermischen und die Masse gleichmäßig auf dem gebackenen Mürbeteig verteilen, bis alles bedeckt ist.
Fruchtcreme: In den Spritzbeutel löffeln und gleichmäßig auf den Streuseln verteilen. Mit Erdbeeren und Makronen-Tuile garnieren.

 —— *Mara de Bois*

Mille-feuilles mit Erdbeeren

ZUTATEN
(für 6 Personen)

*Plunderteig
(siehe Seite 216)
1 Eigelb*

Erdbeersoße:
*500 g fein pürierte
Mara-de-Bois-Erdbeeren
650 g Zucker
25 ml Passionsfruchtsaft
7,5 g Pektin*

*100 g Bitterschokolade,
geschmolzen
Cremefüllung
(siehe Seite 217)*

Garnieren:
*1 kg Mara-de-Bois-
Erdbeeren*

Außerdem:
*Tortenform
(20 cm Durchmesser)*

ZUBEREITUNG

Plunderteig: Den Plunderteig 2 mm dick ausrollen und einen Kreis als Boden für die Tortenform ausstechen. Für den Rand der Form einen 1 x 60 cm großen Teigstreifen ausschneiden. Plunderteig mit leicht geschlagenem Eigelb einpinseln und 6 Stunden im Kühlschrank ruhen lassen. Backofen auf 180 °C vorheizen. Tarte 30 Minuten im Backofen backen. Herausnehmen und abkühlen lassen.
Erdbeersoße: Alle Zutaten mit 200 ml Wasser in einem Topf vermischen und bei 102 °C kochen. Vom Herd nehmen und auf 40 °C abkühlen lassen. Die geschmolzene Schokolade auf dem gebackenen Boden verstreichen und mit der Cremefüllung auffüllen.
Garnieren: Erdbeeren auf der Tarte verteilen und mit der Erdbeersoße glasieren.

Tulameen

Himbeer-Charlotte

ZUTATEN
(für 2 Kuchen)

Himbeermarmelade:
150 g fein pürierte Tulameen-Himbeeren
220 g Gelierzucker 1:1

Biskuit:
12 Eier
450 g Zucker
250 ml Kondensmilch
500 g Mehl
10 g Backpulver

Himbeermousse:
Fruchtcreme (siehe Seite 219), zubereitet mit 160 g Himbeeren statt Fruchtpulpe
10 Blatt Gelatine, in Wasser eingeweicht und aufgelöst
1 l halbsteife Sahne

Garnieren:
2 Körbchen mit Himbeeren

Außerdem:
2 Backbleche (40 x 60 cm)
2 Kuchenformen (17 cm Durchmesser)
Spritzbeutel

ZUBEREITUNG

Himbeermarmelade: Himbeeren und Zucker in einem Topf verrühren, zum Kochen bringen und simmern lassen, bis sie gut durchgekocht sind. Vom Herd nehmen und abkühlen lassen. 1–2 EL Marmelade für die Garnitur beiseitestellen.

Biskuit: Backofen auf 220 °C vorheizen. Eier mit dem Zucker aufschlagen. Kondensmilch dazugießen, dann das gesiebte Mehl und Backpulver hinzufügen. Gründlich vermischen und den Teig auf den beiden Backblechen ausstreichen. 7 Minuten im Ofen backen. Aus dem Ofen nehmen, abkühlen lassen und die Biskuits in 5 cm breite Streifen schneiden. Jeden Streifen mit Himbeermarmelade bestreichen. Jeweils fünf Streifen übereinanderlegen und im Gefrierfach fest werden lassen. Aus dem Biskuit 1 cm breite Streifen ausschneiden und die Kuchenformen damit auslegen.

Himbeermousse: Wenn die Fruchtcreme bei der Zubereitung 35–40 °C erreicht hat, die Gelatine einrühren und die Masse im Kühlschrank fest werden lassen. Aus dem Kühlschrank nehmen, leicht schlagen und die halbsteife Sahne mit einem Spatel unterziehen. Die beiden Kuchenformen mit der Mousse füllen und in den Kühlschrank stellen, bis die Mousse fest ist.

Garnieren: Die Kuchen mit frischen Himbeeren garnieren und einige Tropfen Himbeermarmelade daraufgeben.

 —— *Polka*

Dessertteller mit Himbeeren und Kokosbiskuits

ZUTATEN
(für 6 Teller)

Kokosbiskuits:
125 g Eiweiß
(von 3–4 Eiern, Klasse M)
100 g Zucker
375 g Kokosraspel
375 g Puderzucker
50 g Mehl

Baiser:
100 g Eiweiß
(von 3–4 Eiern, Klasse M)
100 g Zucker
100 g Puderzucker

Crème mousseline:
100 g zimmerwarme Butter
300 g Cremefüllung
(siehe Seite 217)

Außerdem:
6 rechteckige Förmchen
(2 x 6 cm)
6 runde Förmchen
(2 cm Durchmesser)

ZUBEREITUNG

Kokosbiskuits: Backofen auf 180 °C vorheizen. Eiweiß mit Zucker steif schlagen, dann Kokosraspel, Puderzucker und Mehl unterziehen. Den Biskuitteig in die rechteckigen Förmchen füllen und 20 Minuten im Backofen backen.

Baiser: Das Eiweiß aufschlagen und nach und nach den Zucker zugeben. 100 g für die Crème mousseline beiseitestellen, den Rest gleichmäßig in die runden Förmchen füllen. Die Backofentemperatur auf 90 °C reduzieren und die Baiserhälften im Ofen 2 Stunden trocknen lassen.

Crème mousseline: Alle Zutaten mit der beiseitegestellten Baisermasse vermischen, bis alles glatt und cremig ist.

Auf Tellern anrichten, wie auf dem Foto gezeigt.

Glen Clova

Vollkornbiskuits mit Himbeeren, Müsli und Zitrone

ZUTATEN
(für 8 Biskuits)

Teig für die Vollkornbiskuits:
120 g Vollkornmehl
60 g Mehl Type 405
10 g Hefe
20 g Schmalz
4 g Salz
110 g Butter

Fruchtcreme
(siehe Seite 219), zubereitet mit 480 ml Zitronensaft statt Fruchtpulpe
200 g Himbeeren
80 g Eigelb
(von 5 Eiern, Klasse M)
120 g Müsli

Außerdem:
Backblech (40 x 60 cm)

ZUBEREITUNG

Vollkornteig: Aus den Mehlsorten, 100 ml Wasser und Hefe einen Teig kneten. Wenn der Teig fest ist, Schmalz und Salz dazugeben und weiterkneten, bis der Teig geschmeidig wird. In einer Schüssel 24 Stunden im Kühlschrank gehen lassen. Am nächsten Tag 1 cm dick ausrollen. Die Hälfte der Oberfläche mit Butter bestreichen. Teig falten und wieder auf 1 cm ausrollen, dann zu drei Lagen falten und 30 Minuten ruhen lassen.
Den Teig 30 cm breit und 3 mm dick ausrollen. Die Fruchtcreme gleichmäßig auf dem Teig verteilen und großzügig mit den Himbeeren belegen. Den Teig zusammenrollen und in 1 cm dicke Scheiben schneiden. Backpapier auf dem Backblech ausbreiten und die Scheiben darauflegen (Abstand halten). Die Scheiben mit Eigelb einpinseln und das Müsli darüberstreuen. 20 Minuten gehen lassen.
Backofen auf 200 °C vorheizen und die Biskuitscheiben darin 25 Minuten backen.

 —————— *Elsanta*

Eis-Lollis

ZUTATEN
(für 20 Lollies)

Erdbeersorbet:
*400 g fein pürierte
Elsanta-Erdbeeren
50 g Honig
50 g Dextrose
60 g Joghurt*

*500 g Kokosfett
100 g Kristallzucker
Silberspray (aus Geschäften
für Backzubehör oder aus
dem Internet)*

Außerdem:
*Eismaschine
10 Plastikröhrchen
(16 cm lang,
1,5 cm Durchmesser)
20 Stiele für die Lollis*

ZUBEREITUNG

Erdbeersorbet: Bis auf den Joghurt alle Zutaten für das Sorbet miteinander vermischen und auf 45 °C erwärmen. Auf 30 °C abkühlen lassen. Dann den Joghurt einrühren und weiter abkühlen lassen. Aus der Masse in der Eismaschine ein Sorbet zubereiten. Die Plastikröhrchen mit dem Sorbet füllen und im Gefrierfach fest werden lassen.
Die Röhrchen in der Mitte durchschneiden und einen Stiel hineinstecken.
Das Kokosfett bei 45 °C schmelzen. Die Röhrchen abziehen und die Lollis in das Kokosfett tauchen. Abschütteln, damit das Fett unregelmäßig wie Kerzenwachs haften bleibt und aushärtet. Die Lollis im Kristallzucker wälzen und das Silberspray darübersprühen.

Glen Clova

Eistorte mit Schokolade, Vanille und Himbeeren

ZUTATEN
(für 6 Personen)

Vanillebiskuit:
300 g gesalzene Butter
70 g Puderzucker
60 g feiner Kristallzucker
ausgeschabtes Mark von
2 Vanilleschoten
100 g Eigelb
(von 6–7 Eiern, Klasse M)
300 g Mehl
75 g Mandelpulver
3 g Backpulver

Himbeermarmelade:
200 g Himbeeren
50 g Honig
50 g Dextrose
2 Blatt Gelatine, in Wasser gequollen

Parfaitbasis:
300 g feiner Kristallzucker
10 Eigelb
1 l Sahne
ausgeschabtes Mark von
2 Vanilleschoten

Schokoladenparfait:
75 ml Sahne
300 g Bitterschokolade
(mindestens 70 %)

Baiser:
100 g Eiweiß
(von 3–4 Eiern, Klasse M)
100 g Kristallzucker
100 g Puderzucker

Garnieren:
Marmeladenglasur
(siehe Seite 220)
8 g weiße Lebensmittelfarbe
1 Körbchen mit Himbeeren

Außerdem:
2 Formen mit rundem Boden
(20 x 8 cm und 20 x 4 cm)
Backblech (40 x 60 cm)
Spritzbeutel

ZUBEREITUNG

Vanillebiskuit: Backofen auf 180 °C vorheizen. Die Butter weich schlagen und den gesamten Zucker und das Vanillemark einarbeiten. Nach und nach die Eigelbe, dann das gesiebte Mehl, Mandelpulver und Backpulver einrühren. Ein Backblech mit Backpapier auslegen und den Biskuitteig daraufgießen. Für 20 Minuten im Backofen backen. Herausnehmen und abkühlen lassen.

Himbeermarmelade: Himbeeren mit dem Honig und der Dextrose zum Kochen bringen. Auf 40 °C abkühlen lassen und die Gelatine einrühren. Diese Masse in die kleinere Form füllen und im Gefrierfach fest werden lassen.

Parfaitbasis: 100 ml Wasser mit dem Zucker bei 121 °C kochen lassen. Eigelbe schlagen und in das kochende Zuckerwasser rühren. Schlagen, bis die Masse abgekühlt ist. Sahne mit dem Vanillemark etwa zu zwei Dritteln steif schlagen, dann die abgekühlte Eigelbmasse einrühren. 500 g davon abwiegen und für das Schokoladenparfait beiseitestellen.

Schokoladenparfait: Sahne zum Kochen bringen und die geschmolzene Schokolade einrühren. Mit einem Spatel die Parfaitbasis unterziehen. Mit dieser Masse die kleine Form mit der Himbeermarmelade auffüllen. Im Gefrierfach fest werden lassen.

Baiser: Backofen auf 90 °C vorheizen. Eiweiß mit dem Zucker steif schlagen. Die Masse in einen Spritzbeutel löffeln und damit Baiserkreise auf ein mit Backpapier ausgelegtes Backblech spritzen. Baisers 2 Stunden im Ofen trocknen lassen.

Den Boden der großen Form mit der Parfaitbasis ausgießen. Das Schokoladenparfait aus der kleinen Form daraufsetzen. Mit Parfaitbasis auffüllen und mit Vanillebiskuit abdecken. Im Gefrierfach fest werden lassen.

Garnieren: Marmeladenglasur mit der weißen Lebensmittelfarbe verrühren. Torte aus der Form stürzen, großzügig mit Marmeladenglasur bestreichen und mit Himbeeren und den Baisers garnieren.

Foodpairing mit Himbeeren

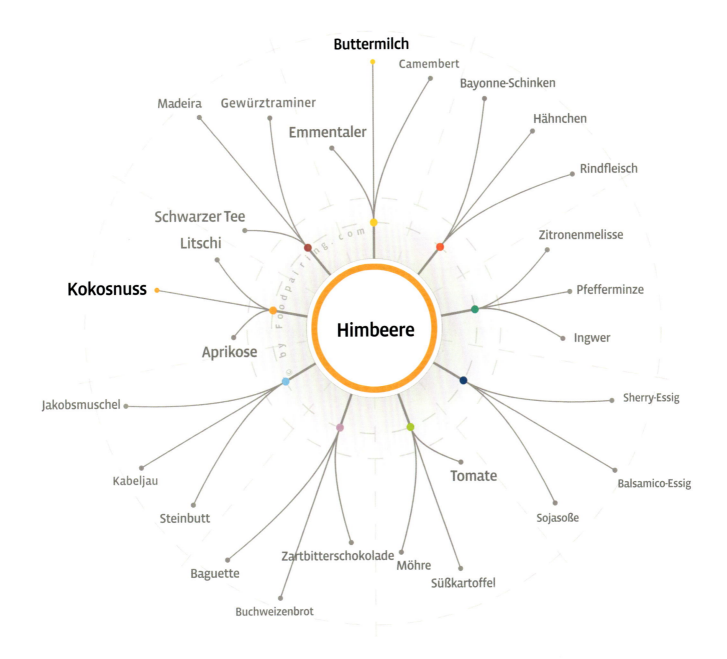

Tulameen

Bazooka-Kuchen mit Himbeeren

ZUTATEN
(für 6 Personen)

Quark:
600 ml Buttermilch
3 l Milch
150 ml Essig

Biskuits:
13 Eier
280 g Zucker
190 g Mehl
450 g Quark
50 g Haselnüsse, blättrig geschnitten
180 g Kokosraspel

Kaugummicreme:
50 g Bazooka-Kaugummi
200 ml Milch
60 g Eigelb
40 g Zucker
3 Blatt Gelatine, in Wasser gequollen
150 ml Sahne

Himbeermousse:
500 ml Sahne
50 g Zucker
100 ml Kokosmilch
3 Blätter Gelatine, in Wasser gequollen
300 g fein pürierte Himbeeren

*Marmeladenglasur
(siehe Seite 220), zubereitet ohne Aprikosenpulpe und mit 10 g roter Lebensmittelfarbe in Pulverform
Makronenteig
(siehe Seite 217), zubereitet mit 8 g roter Lebensmittelfarbe in Pulverform
100 g weiße Schokolade
50 ml Weingeist
5 g flüssige, rote Lebensmittelfarbe
10 Tulameen-Himbeeren*

Außerdem:
*Backblech (30 x 20 cm)
Springform
(24 cm Durchmesser)
Spritzbeutel*

ZUBEREITUNG

Quark: Buttermilch und Milch 15 Minuten mit dem Essig kochen. Ein Sieb über eine Schüssel legen und alles in das Sieb gießen. Im Kühlschrank 24 Stunden abtropfen lassen – der Quark bildet sich im Sieb. 450 g Quark abwiegen.

Biskuits: Backofen auf 190 °C vorheizen. Die Eier mit dem Zucker aufschlagen. Mehl, Quark, Haselnüsse und Kokosraspel in einer Extraschüssel vermischen, dann behutsam unter die Eier ziehen. Ein Backblech mit Backpapier auslegen und den Biskuitteig daraufgießen. 20 Minuten im Backofen backen. Herausnehmen und abkühlen lassen. Mit dem Rand der Springform einen Kreis ausstechen. Den Teig in die Springform legen.

Kaugummicreme: Kaugummi in der Milch simmern lassen, bis er sich vollständig aufgelöst hat. Eigelb mit dem Zucker in einer separaten Schüssel vermischen und in die simmernde Milch schütten. Auf 86 °C erhitzen. Die Hitze auf 40 °C reduzieren, dann die Gelatine einrühren. Abkühlen lassen. Die Sahne dreiviertel steif schlagen und unter die Kaugummicreme ziehen. Fest werden lassen, in eine Schüssel geben und zu einer glatten, cremigen Konsistenz aufschlagen. Die Creme in den Spritzbeutel füllen und auf den Biskuitteig spritzen.

Himbeermousse: Die Sahne mit Zucker und Kokosmilch dreiviertel steif schlagen. Gelatine und Himbeerpüree separat vermischen und in die Kokoscreme rühren. In die Springform füllen und im Gefrierfach fest werden lassen.

Marmeladenglasur vorsichtig erwärmen und über den Kuchen gießen. Aus dem Makronenteig kleine Makronen spritzen und ca. 1 Stunde bei Zimmertemperatur trocknen lassen.

Schokolade schmelzen und 1 mm dick auf einem Tablett ausgießen. Fest werden lassen. Alkohol mit der flüssigen roten Lebensmittelfarbe mischen und die Schokolade damit einpinseln. Trocknen lassen und die Schokolade in Stücke brechen.

Makronen auf den Rand des Kuchens drücken. Himbeeren halbieren, auf dem Kuchen verteilen und mit dem Schokoladenbruch garnieren.

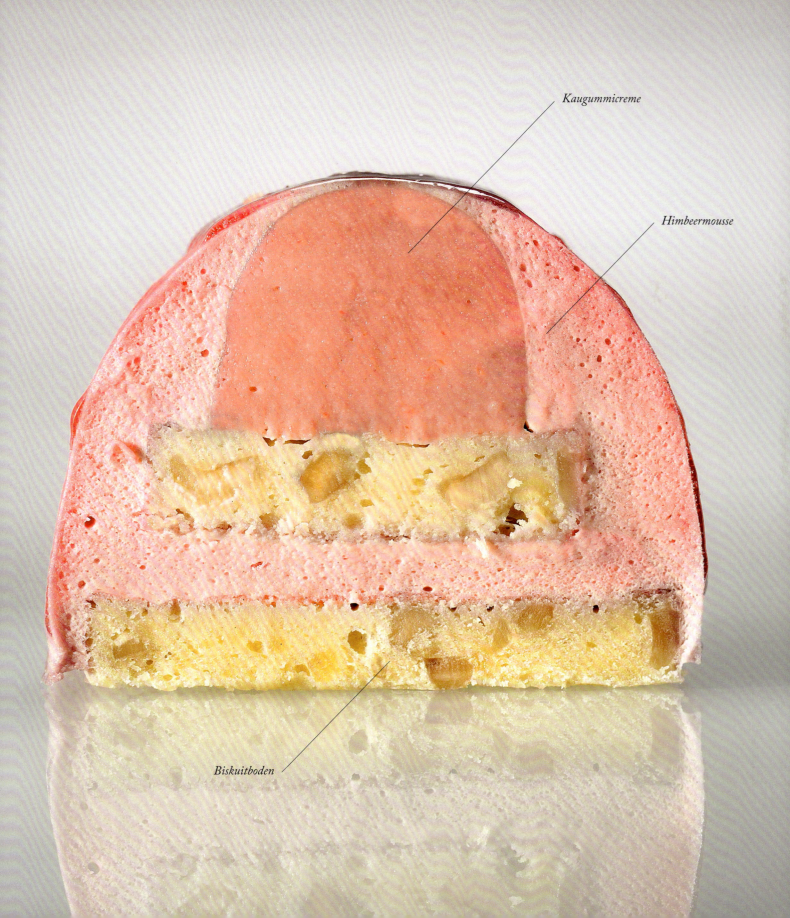

7 Beeren

Beeren

„Beeren" ist hier der Sammelname für kleine Wildfrüchte an offenen Standorten oder in der Nähe von Wäldern, wie Brombeeren, Heidelbeeren (Blaubeeren), Rote und Weiße Johannisbeeren und Stachelbeeren. An ihren ursprünglichen Standorten wachsen heute nur noch die Brombeeren und Blaubeeren, die übrigen werden als Zuchtformen kultiviert. Alle Beeren schmecken wunderbar als Tafelobst, in Kuchen und Gebäck.

Rote und *Weiße Johannisbeeren*, die seit dem 16. Jahrhundert kultiviert werden, wachsen in großen Trauben an Sträuchern. Vor allem die roten Sorten sind sehr beliebt. Weiße Johannisbeeren sind etwas kleiner und süßer. Da beide natürliches Pektin enthalten, eignen sie sich hervorragend für Marmeladen und Sirup – Gelatine oder andere Dickungsmittel sind nicht erforderlich. Außerdem enthalten Rote Johannisbeeren viel Fruchtsäure und können ohne Vitaminverlust gekocht werden. Die roten Beeren verleihen auch einem Fruchtsalat mehr Glanz. In anderen Fruchtmarmeladen und -gelees sorgen sie für Farbe und angenehme Würze. Am besten halten sie sich im Kühlschrank in einer Schüssel, die mit Frischhaltefolie abgedeckt wird, oder flach ausgebreitet auf einem Teller (zerdrückte Beeren faulen sehr leicht). Vor dem Gebrauch waschen und abtropfen lassen.

Die *amerikanische Heidelbeeren* (im Folgenden „Heidelbeeren" genannt) werden seit der Mitte des 20. Jahrhunderts in Europa angebaut. Sie gehören zur selben Familie wie die heimischen Heidel-/Blaubeeren (im Folgenden „Blaubeeren" genannt), unterscheiden sich aber etwas in Größe und Geschmack. Heidelbeeren wachsen in dichten Gruppen auf hohen Sträuchern. Im vollreifen Zustand bilden sich auf der Fruchtschale an Tau erinnernde Wachstropfen – für die Kaufentscheidung ein sicheres Zeichen für Reife. Sie schmecken vollmundiger und kräftiger als Blaubeeren, die mehr Fruchtsüße und einen Hauch von Kräuteraroma haben. Während ihr Saft farblos ist, hat die Blaubeere tief purpurroten Saft; Heidelbeeren sind außerdem zwei- bis dreimal größer.

Im Kühlschrank halten sie sich mindestens eine Woche nach dem Kauf, wenn sie in der Originalverpackung mit Folie bleiben. Je länger sie lagern, desto mehr Saft tritt aus und sie beginnen zu schrumpeln. In einer Gefrierdose lassen sie sich einfrieren. Frische Heidelbeeren sind so süß, dass sie ohne Zucker oder einen anderen Süßstoff gegessen werden können. Sie sind ideal als Füllung für Kuchen und Gebäck, als süße Ergänzung in Fruchtsalaten und in Milch, Joghurt oder Eis.

Die heimischen *Blaubeeren* wachsen wild auf nur 15 bis 60 cm hohen Sträuchern – vorwiegend im Wald, aber auch in intakten Heiden. Sie werden zwischen Ende August und Ende September gepflückt.

Ihr leicht säuerliches Aroma schmeckt angenehm frisch. Blaubeeren können roh auf Torten oder eingekocht zu Kompott, Marmelade, Eis, Sorbet, Sirup oder Saft verarbeitet werden. Nach dem Pflücken bleiben sie zwei bis drei Tage im Kühlschrank frisch, außerdem lassen sie sich ausgezeichnet einfrieren. Getrocknete Blaubeeren sind sogar noch länger haltbar (bis sechs Monate und mehr) und passen zu zahlreichen Backwaren.

Die dunklen, glänzenden *Brombeeren* sind die vielleicht attraktivsten Beeren. Wie die Himbeeren sind sie keine echten Früchte, sondern die verdickten Blütenböden. Brombeeren sind empfindlich und halten sich im Kühlschrank nur ein bis zwei Tage. Sie lassen sich allerdings sehr gut einfrieren: waschen, mit einem Tuch trocken tupfen und den Kelch entfernen. Sie werden einzeln auf einem Teller eingefroren und dann bis zum Gebrauch in Gefrierdosen gelagert. Die noch gefrorenen Früchte können mit dem Handmixer für Eis püriert werden; nach dem Auftauen eignen sie sich noch für Marmeladen, Cremes, Sorbets und Kuchen.

Stachelbeeren gehören zur selben Familie wie Rote und Weiße Johannisbeeren. Es gibt Sorten mit weißen, grünen oder rot überlaufenden Beeren. In arabischen Schriften werden sie bereits im 8. Jahrhundert erwähnt, in Europa tauchen sie erst im 13. Jahrhundert auf, als König Eduard I. einige Sträucher für den Garten von Westminster bestellte. In England war die Frucht äußerst beliebt, es gab sogar Stachelbeerclubs, deren Mitglieder um die besten Früchte und Sträucher konkurrierten. Ähnlich wie die Johannisbeeren enthalten sie sehr viel Pektin, eignen sich also hervorragend für Marmeladen und Gelees. Das Fruchtfleisch ist fest und kann als Tafelobst gegessen oder für Fruchtsalate, Kuchen, Puddings und Cremes verwendet werden. Bei Zimmertemperatur halten sich Stachelbeeren etwa zwei Tage, im Kühlschrank vier bis sieben Tage. Um Druckstellen zu vermeiden, werden sie auf einem Teller ausgebreitet gelagert.

Weiße Johannisbeeren

Mürbeteiggebäck mit Weißen Johannisbeeren und Feigen

ZUTATEN
(für 2 Kuchen)

Mürbeteig
(siehe Seite 216)

Zitronen-Frangipancreme:
600 g Frangipancreme
(siehe Seite 219)
abgeriebene Schale von
4 unbehandelten Zitronen

Fruchtfüllung:
18 Feigen
300 g Weiße Johannisbeeren

Marmeladenglasur:
(siehe Seite 220)

Garnieren:
in Streifen geschnittene
Schale von 1 unbehandelten
Zitrone
einige essbare Blüten

Außerdem:
2 Kuchenformen
(17 cm Durchmesser)
Spritzbeutel

ZUBEREITUNG

Mürbeteig: Kuchenformen mit dem Mürbeteig auslegen.
Zitronen-Frangipancreme: Creme mit den geriebenen Zitronenschalen vermischen. Die Masse in einen Spritzbeutel löffeln und auf den Mürbeteigboden spritzen.
Fruchtfüllung: Feigen halbieren und am Rand des Kuchens anordnen. Johannisbeeren von den Stielen zupfen und gleichmäßig in der Mitte des Bodens verteilen.
Backofen auf 180 °C vorheizen und den Kuchen darin 35 Minuten backen. Herausnehmen, abkühlen lassen und mit der Marmelade bestreichen.
Garnieren: Mit Zitronenschalen und Blütenknospen garnieren.

Amerikanische Heidelbeeren

Mürbeteiggebäck mit Heidelbeeren

ZUTATEN
(für 2 Kuchen)

Mürbeteig
(siehe Seite 216)

Heidelbeer-Ganache:
30 g Honig
210 ml Sahne
180 g Heidelbeerpulpe
450 g Bitterschokolade, in Stücke gebrochen
110 g Butter

Heidelbeermarmelade:
150 g Heidelbeeren
250 g Gelierzucker

Garnieren:
50 Heidelbeeren

Außerdem:
2 quadratische Backformen
(17 x 17 cm)
Spritzbeutel

ZUBEREITUNG

Mürbeteig: Backofen auf 180 °C vorheizen. Backformen mit Mürbeteig auslegen und im Backofen 20 Minuten backen.

Heidelbeer-Ganache: Honig, Sahne und Heidelbeerpulpe zum Kochen bringen. Die Schokolade einrühren, Topf vom Herd nehmen und die Mischung auf 40 °C abkühlen lassen. Butter einrühren und die Backformen mit der Ganache zu drei Vierteln füllen. Im Kühlschrank fest werden lassen.

Heidelbeermarmelade: Heidelbeeren mit dem Gelierzucker verrühren und bei 102 °C kochen. Die eingedickte Marmelade erkalten lassen. Glatt rühren und auf die Oberfläche der festen Ganache streichen.

Garnieren: Restliche Ganache mit dem Spritzbeutel an die Ränder der Kuchen spritzen. Blaubeeren in der Mitte anordnen.

Stachelbeeren

Eingekochte Holunderbeeren

Mürbeteiggebäck mit Stachelbeeren

ZUTATEN
(für 2 Kuchen)

Bretonischer Teig
(siehe Seite 220)
Butter zum Einfetten

Kokosbaiser:
100 g Eiweiß
(von 3–4 Eiern, Klasse M)
100 g Kristallzucker
100 g Puderzucker
150 g Kokosraspel

Getrocknetes
Joghurtbaiser:
200 g Eiweiß
(von 5–7 Eiern, Klasse M)
100 g Kristallzucker
100 g Puderzucker
75 g Joghurtpulver

Holundercreme:
(siehe Grundrezept für
Fruchtcreme auf Seite 219,
zubereitet mit zusätzlichen
100 g Butter)

Garnieren:
40 Stachelbeeren
einige gekochte Holunderbeeren

Außerdem:
2 Kuchenformen
(17 cm Durchmesser)
Spritzbeutel

ZUBEREITUNG

Bretonischer Teig: Backofen auf 180 °C vorheizen. Teig 7 mm dick ausrollen. Kuchenformen mit Butter einfetten und mit dem Teig auslegen. Im Ofen 20 Minuten vorbacken.
Kokosbaiser: Backofentemperatur auf 110 °C reduzieren. Eiweiß mit dem Kristallzucker aufschlagen, bis es steif ist. Den Puderzucker und 80 g der Kokosraspel mit einem Spatel unterziehen. Einen Spritzbeutel mit der Masse füllen und 3 x 1 cm lange Stangen auf ein mit Backpapier ausgelegtes Backblech spritzen. Restliche Kokosraspel darüberstreuen und im Backofen 1 Stunde backen.
Trockenes Joghurtbaiser: Backofentemperatur auf 90 °C reduzieren. 100 g Eiweiß mit Kristallzucker und Puderzucker aufschlagen. Joghurtpulver einrühren. Die Masse 1 cm dick auf einem mit Backpapier ausgelegten Backblech ausstreichen und 3 Stunden im Ofen trocknen lassen. Baiser zerkrümeln und mit den restlichen 100 g Eiweiß vermischen. Die Eiweißmasse auf den vorgebackenen Mürbeteigböden verteilen. Backofentemperatur auf 120 °C erhöhen und die Böden 1 Stunde backen.
Garnieren: Die Holundercreme auf den Baiserkuchen verstreichen und mit Stachelbeeren und Kokosbaiser garnieren. Mit den gekochten Holunderbeeren dekorieren.

 — *Brombeeren*

 — *Amerikanische Heidelbeeren*

Dessertteller mit dunklen Beeren

ZUTATEN
(für 6 Personen)

Lakritzbaiser:
200 g Zucker
50 g Lakritzbonbons
100 g Eiweiß
(von 3–4 Eiern, Klasse M)

Schokoladenpulver:
100 g Schokolade
50 g Malzpulver

Popcorn:
20 ml Maiskeimöl
100 g Popcornmais
50 g Kastorzucker

Schokobiskuits:
100 g Marzipan
230 g Zucker
12 Eigelb
280 g Eiweiß
(von 7–10 Eiern, Klasse M)
90 g Butter
90 g Mehl
60 g Kakaopulver

Schokoladenmousse:
150 g Zucker
100 g Eiweiß
(von 3–4 Eiern, Klasse M)
50 g Sahne
150 g Zartbitterschokolade

18 Brombeeren
18 Heidelbeeren

Außerdem:
Backblech (40 x 60 cm)
6 dunkle Dessertteller

ZUBEREITUNG

Lakritzbaiser: Zucker, 70 ml Wasser und Lakritzbonbons bei 121 °C kochen und vorsichtig über das geschlagene Eiweiß gießen. Weiterschlagen, bis die Masse kalt ist. Aus der Masse grobe Scheiben formen und 3 Stunden im Backofen bei 90 °C trocknen lassen.

Schokoladenpulver: Die Schokolade und das Malzpulver in einem Mixer zu einem feinen Pulver verarbeiten.

Popcorn: Maiskeimöl erhitzen und die Maiskörner dazugeben, bis sie „poppen". Kastorzucker dazugeben, damit die Körner karamellisieren. Alles auf Backpapier verteilen.

Schokobiskuits: Backofen auf 220 °C vorheizen. Marzipan, 80 g Zucker und Eigelbe aufschlagen. Das Eiweiß mit 150 g Zucker separat aufschlagen. Butter schmelzen, Mehl und Kakaopulver sieben. Eigelb- und Eiweißmasse miteinander vermischen. Kakaopulver und Mehl unterziehen, zum Schluss die zerlassene Butter einrühren. Gut umrühren und auf ein mit Backpapier ausgelegtes Backblech gießen. 12 Minuten backen, herausnehmen und abkühlen lassen. Mit einem Backring runde Biskuits ausstechen.

Schokoladenmousse: 50 ml Wasser mit dem Zucker bei 121 °C zum Kochen bringen. Das Eiweiß steif schlagen. Zuckerwasser zum Eiweiß geben und weiterschlagen, bis die Masse lauwarm abgekühlt ist. Die Sahne erwärmen und die Schokolade schmelzen. Die geschmolzene Schokolade in die warme Sahne rühren. Schokomasse zum Eiweiß geben. Weiterschlagen, bis die Mousse eine leichte, schaumige Konsistenz hat. Im Kühlschrank fest werden lassen.

Garnieren: Die einzelnen Bestandteile mit den Beeren wie auf dem Foto anrichten.

Foodpairing mit Roten Johannisbeeren

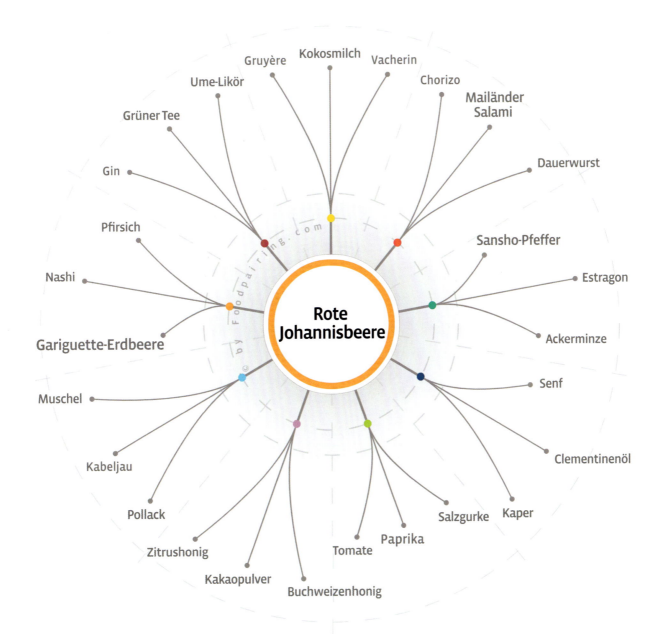

Rote Johannisbeeren

Johannisbeeren mit Honig und Kakaopulver

ZUTATEN
(für 8 Personen)

Honigcreme:
100 g Honig
50 g Eigelb
(von 3–4 Eiern, Klasse M)
100 g Honig
5 Blatt Gelatine, in Wasser gequollen und aufgelöst
200 ml halbsteife Sahne

Johannisbeercreme:
100 ml Johannisbeersaft
10 g Honig
140 g weiße Schokolade, fein gehackt
250 ml Sahne

Schokobiskuit:
50 g Marzipan
40 g Zucker
120 g Eigelb
(von 7–8 Eiern, Klasse M)
110 g Eiweiß
(von 3–4 Eiern, Klasse M)
75 g Zucker
45 g Mehl
30 g Kakaopulver
45 g Butter, geschmolzen
Butter zum Einfetten
Kristallzucker zum Bestreuen der Kuchenform

Garnieren:
Johannisbeeren
Zitronenstrauchblätter

Außerdem:
Kuchenform
(21 cm Durchmesser)
Spritzbeutel
(mit 6-mm-Tülle und 8-mm-Tülle)

ZUBEREITUNG

Honigcreme: Die Honigcreme bereits am Vortag zubereiten. Honig auf 115 °C erhitzen und über das Eigelb gießen. Die Masse schlagen, bis sie dick und weiß wird. Gelatine dazugeben. Mit einem Spatel die halbsteife Sahne unterziehen. Im Kühlschrank 24 Stunden fest werden lassen. Vor dem Garnieren des Kuchens mit einem Schneebesen zu einer glatten, glänzenden Creme aufschlagen und in einen Spritzbeutel (6-mm-Tülle) füllen. Zwischen die Johannisbeercreme-Kleckse auf dem Kuchen spritzen.
Johannisbeercreme: Die Johannisbeercreme ebenfalls am Vortag zubereiten. Johannisbeersaft und Honig zum Kochen bringen. Topf vom Herd nehmen und den Saft über die Schokolade gießen. Rühren, bis die Mischung fein und glatt ist. Im Kühlschrank 24 Stunden abkühlen lassen. Dann die Sahne dazugießen und die Masse steif schlagen. Johannisbeercreme in einen Spritzbeutel (8-mm-Tülle) füllen und damit runde Kleckse auf den Schokobiskuit spritzen. Im Kühlschrank fest werden lassen.
Schokobiskuit: Marzipan, Zucker und Eigelb zu einer dicken, weißen Masse aufschlagen. Eiweiß und Zucker steif schlagen. Gesiebtes Mehl und Kakaopulver vermischen. Marzipanmasse mit dem geschlagenen Eiweiß vermischen. Mehl und Kakaopulver mit einem Spatel unterziehen, dann die Butter einrühren. Backofen auf 180 °C vorheizen. Kuchenform mit Butter einfetten und den Kristallzucker aufstreuen, sodass er anhaftet. Die Schokomischung in die Kuchenform gießen und gleichmäßig verstreichen. 25 Minuten im Backofen backen. Abkühlen lassen und aus der Form lösen.
Garnieren: Mit den Johannisbeeren und den Blättern des Zitronenstrauchs garnieren.

Rhabarber 7

Rhabarber

Die Chinesen kennen und nutzen den Rhabarber bereits seit 5.000 Jahren, jedoch überwiegend als Abführmittel. Sie kultivierten den „sauren Stängel" aber auch, weil er das Fieber senkt und andere Heilkräfte besitzt. Wegen dieser therapeutischen Anwendungen kam der Rhabarber über Venedig im 10. Jahrhundert bis nach Europa und wurde aus denselben Gründen seit dem 16. Jahrhundert in England angebaut. Es dauerte aber bis ins 18. Jahrhundert, bevor die langen, saftigen Blattstiele auch in der Küche auftauchten – als Kuchenfüllungen oder in Suppen.

Rhabarber wird zwischen März und Juli geerntet. Zu dieser Zeit sind die Blattstiele in bestem Zustand. Der saure Geschmack basiert auf dem Gehalt an Oxalsäure, ähnlich wie in Sauerampfer oder Spinat. Junge Blattstiele werden ungeschält verwendet und brauchen viel weniger Zucker als Süßungsmittel. Ältere Blattstiele (anderthalb bis zwei Monate) enthalten deutlich mehr Oxalsäure. Sie reagiert mit den Kalziumvorräten unseres Körpers – die Säure wird neutralisiert und über die Nieren ausgeschieden. Der relativ hohe Kalziumbedarf zur Neutralisierung der Säure erhöht das Risiko von Nierensteinen. Es lässt sich etwas senken, wenn die Blattstiele geschält und kurz gekocht werden und das Kochwasser weggeschüttet wird. Auch Kalziumkarbonat im Kochwasser neutralisiert die Säure. Kalziumkarbonat („Kaisernatron") ist geschmacklos. Außerdem wird weniger Zucker zum Süßen gebraucht. Menschen mit Rheuma, Arthritis, Gicht oder Nierensteinen sollten möglichst keinen Rhabarber essen.

Kaufen und lagern

Kaufen Sie nur feste, glänzende Blattstiele, die sich noch biegen lassen und fleckenlos sind. Die Schnittkanten dürfen nicht trocken, sondern müssen frisch und feucht sein. Eventuell vorhandene Blattspreiten sollten hellgrün, nicht braun sein. Die Blattstiele halten sich nach dem Kauf drei bis vier Tage im Gemüsefach des Kühlschranks. Zum Schutz vor Austrocknung werden sie in eine Frischhaltefolie gehüllt.

Rhabarber lässt sich einfrieren: Die Blattstiele werden gewaschen, in Stücke geschnitten und in Tiefkühlbeuteln verpackt. So lange die Haut nicht hart und faserig ist, muss Rhabarber nicht geschält werden. Durch kurzes Blanchieren (eine Minute, anschließend sofort in kaltes Wasser legen) bleiben Farbe und Aroma besser erhalten.

 — *Rhabarber*

Rhabarberkuchen

ZUTATEN
(für 2 Kuchen)

*Plunderteig
(siehe Seite 216)*

Rhabarberkompott:
*1 kg Rhabarber
100 g Butter
150 g Zucker*

Vanillefüllung:
*150 g Sahne
75 g Stevia-Zucker
4 Eigelb
500 g Cremefüllung
(siehe Seite 217)*

Streusel:
*100 g blättrige, geschnittene Mandeln
100 g Mehl
100 g kalte Butter*

Garnieren:
*Puderzucker
Stevia-Blätter*

Außerdem:
*runde Springform
(17 cm Durchmesser)
2 Kuchenformen
(17 cm Durchmesser)*

ZUBEREITUNG

Plunderteig: Den Plunderteig ausrollen und zwei Kreise für die Kuchenformen ausstechen. Mindestens 3 Stunden ruhen lassen. Backofen auf 180 °C vorheizen. Teig in die beiden Kuchenformen legen und 35 Minuten vorbacken.
Rhabarberkompott: Stiele in Stücke schneiden und mit Butter und Zucker dünsten, bis sie weich sind.
Vanillefüllung: Sahne, Stevia und Eigelbe mischen und im Topf auf 86 °C erwärmen. Die Mischung darf nicht kochen, sonst gerinnt das Eigelb. Die Cremefüllung unterziehen.
Streusel: Alle Zutaten vermischen und mit einem Messer in grobe Stücke hacken.
Backofen auf 180 °C vorheizen. Die vorgebackenen Plunderscheiben in die Springform legen. Erst die Vanillecreme, dann das Rhabarberkompott eingießen und die Streusel darüberstreuen. 30 Minuten im Backofen backen. Herausnehmen und im Kühlschrank abkühlen lassen.
Garnieren: Kuchen aus der Form lösen, mit Puderzucker bestäuben und mit den Stevia-Blättern dekorieren.

Rhabarber

Dessertteller mit Rhabarber

ZUTATEN
(für 10 Teller)

*Madeleineteig
(siehe Seite 217)*

Rhabarberfüllung:
*300 g Rhabarber, in Stücke geschnitten
300 g Erdbeerpüree
100 g Zucker*

Vanille-Quinoa:
*300 ml Sahne
ausgeschabtes Mark von
1 Vanilleschote
150 g Quinoa
50 g Zucker*

Gebratener Rhabarber:
*600 g Rhabarber
100 g Butter
80 g Puderzucker*

Garnieren:
*200 g vorgebackener
Plunderteig
(siehe Seite 216)
20 Minzblüten*

Außerdem:
*10 Formen
(8 cm Durchmesser)*

ZUBEREITUNG

Madeleinekuchen: Backofen auf 180 °C vorheizen. Teigmischung gleichmäßig auf die Formen verteilen und 20 Minuten im Backofen backen. Herausnehmen, abkühlen lassen und aus den Formen lösen.

Rhabarberfüllung: Rhabarber mit Erdbeerpüree und Zucker kochen, bis die Stücke weich sind. Abkühlen lassen.

Vanille-Quinoa: Alle Zutaten vermischen und zum Kochen bringen, bis die Masse gut gebunden ist.

Gebratener Rhabarber: Stiele längs durchschneiden, in 5–7 cm lange Stücke teilen und in Butter braten. Sobald sie weich sind, mit Puderzucker bestäuben. Aus der Pfanne nehmen und auf Küchenpapier abtropfen lassen.

Garnieren: Rhabarberfüllung gleichmäßig auf den Madeleinekuchen verteilen. Etwas Vanille-Quinoa darauflöffeln und mit gebratenem Rhabarber und Plunderteig abdecken. Mit den Minzblüten garnieren.

# Foodpairing mit Rhabarber

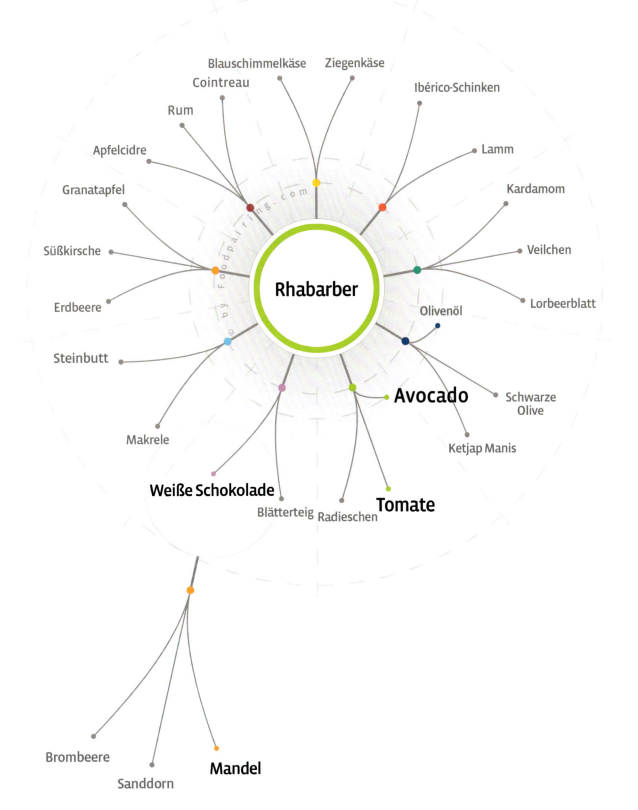

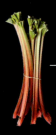 *Rhabarber*

Rhabarbermakronen mit Sanddorn

ZUTATEN
(für 2 Torten für
6 Personen)

Farbiges Mandelpulver:
100 g Mandelpulver
3 g grüne Lebensmittelfarbe in Pulverform
1 g gelbe Lebensmittelfarbe in Pulverform

Makronen:
200 g Eiweiß
(von 5–7 Eiern, Klasse M)
100 g Zucker
250 g Mandelpulver
350 g Puderzucker

Sanddorncreme:
200 g Sanddornsaft
120 g Eigelb
(von 7–8 Eiern, Klasse M)
2–3 Eier (Klasse M; 120 g)
150 g Puderzucker
2 Blatt Gelatine, in Wasser gequollen
140 g Butter
140 g weiße Schokolade, geschmolzen

Rhabarberkompott:
500 g Rhabarber
100 g Avocado
120 g Tomaten
70 g Radieschen
100 g Zucker
30 g Butter
8 Blatt Gelatine

Gemüse zum Kandieren:
1 Rhabarberstange
1 Avocado
6 Radieschen
500 g Zucker
200 g Honig

Außerdem:
Spritzbeutel mit runder Tülle (16 mm Durchmesser)
flexible Backformen (8 cm Durchmesser)

ZUBEREITUNG

Farbiges Mandelpulver: Zutaten mit der Hand verreiben.
Makronen: Backofen auf 160 °C vorheizen. Eiweiß mit dem Zucker aufschlagen. Gesiebtes Mandelpulver und Puderzucker unterziehen. Mit dem Spritzbeutel vier Böden auf ein mit Backpapier ausgelegtes Backblech spritzen. Zwei der Böden mit dem farbigen Mandelpulver bestäuben. Alle vier Böden 14 Minuten im Backofen backen.
Sanddorncreme: Sanddornsaft, Eigelbe, Eier und Puderzucker vollständig verrühren. Auf 86 °C erhitzen, dann auf 40 °C abkühlen lassen. Gelatine, Butter und Schokolade unterziehen. Im Kühlschrank fest werden lassen.
Rhabarberkompott: Gemüse und Avocado in Stücke schneiden und mit Zucker in der Butter bis zu einer kompottartigen Konsistenz dünsten. Auf 40 °C abkühlen lassen. Die Gelatine einrühren und in flexible Formen füllen.
Gemüse zum Kandieren: Den Rhabarber schälen und in 10 Stücke schneiden. Die Avocado schälen und vier Scheiben ausschneiden (2 cm Durchmesser, 3 mm dick). Radieschen waschen. Zucker, Honig und 200 ml Wasser zum Kochen bringen. Obst- und Gemüsestücke in diesen Sirup einlegen und abkühlen lassen.
Garnieren: Sanddorncreme auf die farbigen Makronenböden spritzen. Einen Löffel Kompott auf die Mitte geben und die anderen Makronenböden darauflegen. Mit kandiertem Obst und Gemüse und Spritzern der Sanddorncreme garnieren.

Grundrezepte

Mürbeteig

ZUTATEN
(für 2 Kuchen von 21 cm Durchmesser)

300 g zimmerwarme Butter
2 g Salz
130 g Puderzucker
130 g Mandelpulver
2 Eier
550 g Mehl

ZUBEREITUNG

Die Butter in der Küchenmaschine mit Salz, Puderzucker und Mandelpulver mixen. Die Eier und das Mehl zugeben und kneten, bis ein guter Mürbeteig entstanden ist. Mindestens 1 Stunde bei Zimmertemperatur ruhen lassen.

Tipp
Das Mandelpulver kann durch Haselnuss- und Walnusspulver, Kokosraspel und ähnliche Zutaten ersetzt werden. Für einen Schokomürbeteig ersetzt man 100 g Mehl durch 100 g Kakaopulver. Den Teig stets dünn ausrollen und bei maximal 180 °C backen.

Plunderteig

ZUTATEN

1,2 kg Mehl
1 kg Butter
2,5 g Salz
10 ml Essig

ZUBEREITUNG

Eine Mulde in 1 kg Mehl drücken und 500 ml Wasser hineingießen. Mehl und Wasser vermischen. 300 g Butter einkneten und die übrigen Zutaten hinzufügen. Die Arbeitsfläche mit Mehl bestäuben und den Teig kneten, bis er glatt und homogen ist. In Plastikfolie einschlagen und 3 Stunden im Kühlschrank ruhen lassen.
Arbeitsfläche mit Mehl bestäuben und den Teig 1 cm dick ausrollen. Die restliche Butter mit restlichem Mehl verkneten und die Masse gleichmäßig auf den oberen beiden Dritteln der ausgerollten Teigfläche verteilen. Mit dem ungebutterten Drittel beginnend den Teig in drei Lagen falten: dazu beide Enden in die Mitte falten und das entstandene Stück einmal zusammenfalten. In Plastikfolie einschlagen und 3 Stunden im Kühlschrank ruhen lassen.
Folie abziehen und den Teig 1 cm dick ausrollen. Diesen Teig erneut in drei Lagen falten. Zum letzten Mal ausrollen, dann doppelt und nochmals doppelt falten. Wieder in Folie einhüllen und vor dem Backen mindestens 24 Stunden in den Kühlschrank legen.

Tipp
Im Gefrierfach hält sich der Teig 3 Monate.

Madeleineteig

ZUTATEN
(für 12 Personen)

250 g Butter
300 g Mehl
300 g Puderzucker
15 g Backpulver
6 Eier
100 g Milch
4 g Salz

ZUBEREITUNG

Butter in einem Topf schmelzen. Vom Herd nehmen und auf 35 °C abkühlen lassen. Mit der Küchenmaschine nach und nach alle weiteren Zutaten einarbeiten.

Tipp
Der Teig reicht für eine Kuchenform von 24 cm Durchmesser, für ein 30 x 20 cm großes Backblech oder mehrere kleine Kuchen. Der Madeleineteig hält sich etwa 5 Tage im Kühlschrank.

Cremefüllung

ZUTATEN

500 ml Milch
200 ml Sahne
200 g Zucker
ausgeschabtes Mark von
1 Vanilleschote
100 g Maisstärke
5 Eigelb

ZUBEREITUNG

Milch, Sahne, 100 g Zucker und Vanillemark verrühren und langsam zum Kochen bringen. Restlichen Zucker mit der Maisstärke verrühren und nacheinander die Eigelbe einschlagen. Einen Schuss der kochenden Milch in die Eimasse geben und gut verrühren. Die Eimasse in die restliche kochende Milch schütten und kräftig rühren, bis die Mischung durchgekocht ist. Die Creme in eine Schüssel gießen; Oberfläche mit einer Frischhaltefolie belegen, damit sich keine Haut bildet. Abkühlen lassen und vor Gebrauch kräftig aufschlagen.

Blätterteig

ZUTATEN

200 g Butter
280 g Mehl
6 g Salz

ZUBEREITUNG

Alle Zutaten mit 100 ml Wasser in die Schüssel einer Küchenmaschine geben und 7 Minuten bei langsamer Geschwindigkeit mixen. Den Teig auf 1 cm ausrollen und in Frischhaltefolie einschlagen. Vor Gebrauch mindestens 12 Stunden im Kühlschrank ruhen lassen.

Tipp
Im Gefrierfach hält sich der Teig 3 Monate.

Makronenteig

ZUTATEN
(für 40 gefüllte oder
80 halbe Makronen)

400 g Eiweiß
(von 10–14 Eiern, Klasse M)
200 g feiner Kristallzucker
500 g Mandelpulver
700 g Puderzucker

ZUBEREITUNG

Das Eiweiß mit dem Zucker kräftig aufschlagen, dann das Mandelpulver und den Puderzucker zugeben. Weiterschlagen, bis die Masse glatt und glänzend ist.

Frangipancreme

ZUTATEN
(für 1 Kuchen für 6 Personen)

250 g zimmerwarme Butter
500 g Mandelpulver (aus 250 g Mandeln und 250 g Kristallzucker)
3 Eier (Klasse M; 200 g)
120 g Mehl

ZUBEREITUNG

Die Butter mit dem Mandelpulver vermischen. Eier einzeln einarbeiten, dann unter ständigem Rühren nach und nach das Mehl zugeben. Schlagen, bis die Masse glatt und glänzend ist. Darauf achten, dass die Masse nicht zu schaumig wird, sonst verschwindet das typische Butteraroma und die Creme schmeckt fade.

Tipp
Im Kühlschrank hält sich die Masse bis zu 5 Tage.

Cupcake-Teig

ZUTATEN
(für 50 Cupcakes à 30 g)

350 g Fruchtpulpe
350 g Puderzucker
4 Eier (Klasse M; 280 g)
280 g Mehl
13 g Backpulver
50 g Traubenkernöl
90 ml Sahne

ZUBEREITUNG

Fruchtpulpe mit dem Puderzucker und den Eiern verrühren. Mehl und Backpulver vermischen und in die Fruchtmasse einrühren. Das Traubenkernöl dazugeben und schlagen, bis ein glatter, zäher Teig entsteht. Den Teig in einen Spritzbeutel füllen (Tülle etwa 8 mm) und in Cupcake-Formen spritzen. Im vorgeheizten Backofen bei 180 °C für 15 Minuten backen.

Schokomakronen

ZUTATEN
(für 40 gefüllte Makronen oder 80 Makronenhälften)

430 g Eiweiß
300 g feiner Kristallzucker
500 g Mandelpulver
700 g Puderzucker
75 g Kakaopulver
2 g rote Lebensmittelfarbe (optional)

ZUBEREITUNG

Eiweiß mit dem Zucker kräftig aufschlagen, dann gesiebtes Mandelpulver, Puderzucker und Kakaopulver sowie eventuell Lebensmittelfarbe dazugeben. Weiterschlagen, bis die Masse glatt und glänzend ist.

Fruchtcreme

ZUTATEN

160 g Fruchtpulpe
3 Eier (Klasse M; 200 g)
200 g Puderzucker
280 g zimmerwarme Butter

ZUBEREITUNG

Fruchtpulpe, Eier und Puderzucker vermischen. Die Masse in einem Topf auf 86 °C erhitzen (mit einem Küchenthermometer überprüfen). Auf 40 °C abkühlen lassen. Die Butter unterheben und verrühren, bis eine feine Creme entstanden ist.

Bretonischer Mürbeteig

ZUTATEN

10 g grobes Meersalz
320 g Puderzucker
320 g zimmerwarme Butter
160 g Eigelb
(von 9–10 Eiern, Klasse M)
450 g Mehl
30 g Backpulver
Butter zum Einfetten

ZUBEREITUNG

Butter sehr weich werden lassen. Meersalz und Puderzucker in die Butter einarbeiten. Eigelbe, dann das Mehl und zum Schluss das Backpulver einrühren. Teig im Kühlschrank fest werden lassen. Teig so ausrollen, dass er auf ein Backblech oder in die verwendete Form passt. Backblech oder Formen müssen mit Butter eingefettet sein.

Creme mit Bier oder Cola

ZUTATEN

480 ml Bier oder zuckerfreie Cola bzw. ein ähnliches Getränk
3 Eier (Klasse M; 200 g)
200 g Puderzucker
3 Blatt Gelatine, in Wasser gequollen
280 g zimmerwarme Butter

ZUBEREITUNG

Getränk in einem Topf auf 160 ml einkochen. Eier und Puderzucker einrühren und auf 86 °C erhitzen; wieder abkühlen lassen. Gelatine ausdrücken und einrühren, anschließend die Butter zufügen. Weiterrühren, bis eine feine, cremige Masse entsteht.

Marmeladenglasur

ZUTATEN

950 g Zucker
500 g Aprikosenpulpe, fein püriert
11 g Agar-Agar
200 g Glukose

ZUBEREITUNG

650 ml Wasser, 150 g Zucker und Aprikosenpulpe in einem großen Topf zum Kochen bringen. Restlichen Zucker mit Agar-Agar vermischen und in die kochende Mischung gießen. Wieder zum Kochen bringen und die Glukose einrühren. Weitere 4 Minuten kochen. Dann abkühlen lassen und bis zum Gebrauch im Kühlschrank aufbewahren. Ergibt ca. 1,5 kg.

Aprikosenglasur

ZUTATEN

300 ml Sahne
200 g Marmeladenglasur
500 g weiße Schokolade
3 Blatt Gelatine
Lebensmittelfarbe
(je nach Rezept)

ZUBEREITUNG

Sahne und Marmeladenglasur zum Kochen bringen. Topf vom Herd nehmen und die fein gehackte Schokolade einrühren. Mit einem Spatel umrühren, bis die Schokolade vollständig geschmolzen ist. Die gequollene und aufgelöste Gelatine einrühren und weiterrühren, bis die Masse glatt und glänzend ist. Die jeweilige Lebensmittelfarbe einrühren.

Meine Obst-Lieferanten

Äpfel

Der Lombarts-Calville-Garten für Fruchtsäfte (Tuinsappen) liegt im Flusstal des Bollaertbeek etwa auf der Hälfte zwischen der historischen Stadt Ieper und dem pittoresken Örtchen Kemmel – mitten in den Schlachtfeldern des Ersten Weltkriegs. Der Bio-Obstbauer hat sich seit etwa einem Jahrzehnt auf den Anbau alter Sorten, die noch auf Hochstämmen wachsen, spezialisiert und stellt daraus köstlichen Cidre und Säfte mit dem Aroma von Omas Äpfeln her.
Tuinsappen Lombarts Calville. Luc Goosens und Kris Vanderstichele, Slijpstraat 1, 8902 Ieper (Voormezele). +32 (0) 57/36 30 20. www.tuinsappen.be

Kirschen

Mitten in der Polderlandschaft von Knokke-Heist, träumen Bart und Katleen Lanckriet ihren süßen – und kommerziell erfolgreichen – Traum. Bart führt einen Bauernhof und kümmert sich um ein „Seniorenheim" für Pferde. Katleen pflegt die Süßkirschen- und Pflaumenbäume. Im Sommer helfen die drei Kinder Laura, Sarah und Aaron bei der Ernte und Verpackung der Früchte, die täglich frisch ab Hof verkauft werden. Früchte, die bei der Ernte angestoßen werden, verarbeiten sie zu köstlichen Marmeladen oder Kirschbier – „Het Zoeteke", „das Süße".
Zoete Polder. Familie Lanckriet – Van Steen, Hazegrasstraat 85, 8500 Knokke-Heist.
+32 (0) 50/62 40 07. www.zoetepolder.be

Rhabarber

Der Warandehof in Gijverinkhove, früher ein Gutshof, ist heute ein florierender Gemüseanbaubetrieb, der sich auf Rhabarber spezialisiert hat. Er wird von Pol und Katrien Louwagie-Zyde geführt, die mehrere Sorten für unterschiedliche Zwecke anbauen. Der Rhabarber wird vor Ort auch zu köstlichen Marmeladen, Kompott und Kuchen weiterverarbeitet. Vor allem die Marmelade ist eine Delikatesse – sie wird nach dem Rezept von Pols Großmutter Dekeyzer (geb. 1901) zubereitet: Der Rhabarber wird mehrere Stunden in Zucker und Wasser eingelegt und dann im offenen Topf eingekocht. Der Hof arbeitet mit mehreren Partnern zusammen, die unterschiedliche Produkte auf traditionelle Art und Weise herstellen. Dazu gehören beispielsweise Rhabarberwein von Les Vins de Roisin (Roisin), Rhabarber-Paté von Veurn'Ambachtse (Alveringem), Rhabarbereis von Korenhalm (Alveringem) und Rhabarbersaft zusammen mit Apfelsaft vom Fruitsappen Verhofstede (Eksaarde).
Het Warandehof. Pol Louwagie und Katrien Zyde; Elzendammestraat 11, 8691 Gijverinkhove (Alveringem). +32 (0) 58/29 86 26. www.hetwarandehof.be

Erdbeeren und Walderdbeeren

José Walbrou wurde in eine Bauernfamilie hineingeboren, die Tabak anbaute. Nachdem die Subventionen gestrichen wurden, bauten José und seine Frau Mary-Anne die Trockenschuppen in Erdbeergewächshäuser um. Die beiden kultivieren die Sorte Darselect, die zwar sehr süße Früchte liefert, aber empfindlicher als Elsanta ist. Einer ihrer ersten Kunden war Kobe Desramault vom mit einem Michelin-Stern ausgezeichneten Restaurant „In de Wulf". Inzwischen haben sie ihr Sortiment um rote und gelbe Walderdbeeren, Gariguette- und Mara-de-Bois-Erdbeeren erweitert. Alle wachsen unter Folie, in Gewächshäusern und im Freien, sodass José und Mary-Anne ab Anfang Mai bis Anfang September Früchte liefern können. Neben den Erdbeeren bauen sie auch Gemüse an, beispielsweise Zuckererbsen, dicke Bohnen, Buschbohnen, verschiedene Sorten Möhren, Gurken, Sauerklee und Meerkohl.
De Suikerberg. José Walbrou und Mary-Anne Degroote, Kauwakkerstraat 10, 8951 Dranouter.
+32 (0) 496/28 35 72. desuikerberg@skynet.be

Register der Rezepte

Äpfel
Apfel-Walnuss-Kuchen (Keuleman) 20
Liebesäpfel (Cox Orange) 22
Apfelkuchen mit Plunderteig (Lombarts Calville) 24
Apfel-Baba mit Goldrush-Äpfeln (Goldrush) 26
Apfel-Cupcakes (Pinova) 28
Tarte Tatin (Jonagold) 30
Flämisches Brot (Bakker Parmentier) 32
Kuchen mit Reinet de Flandre (Renet de Flandre) 34
Käsekuchen (Boskop) 36
Gourmetkuchen (Cox Orange) 38
Dessertteller (Braeburn) 42
Eisäpfel aus Golden Delicious (Golden Delicious) 44
Dessertteller (Colapuis) 48

Birnen
Birnen in Plunderteig und Pfannkuchen (Williams) 58
Birnen-Cupcakes (Durondeau) 60
St.-Rémy-Birnen in Rotwein (St. Rémy) 62
Crème Chibouste mit Birnen (St. Rémy) 64
Quittentempura (Quitten) 66
Nashi-Eislollis (Nashi) 68
Eistorte mit Birnen, Heidelbeeren und Pistazien (Sweet Sensation) 70
Birnendessert (Concorde) 72
Birnen-Charlotte (Conférence) 76

Pflaumen
Pflaumenbrot (Mirabelle de Nancy) 88
Pflaumentorte (Jefferson) 90
Mürbeteig-Tarte mit Reneklodencreme (Reneklode) 92
Pflaumen-Cupcakes (Prune de Prince) 94
Gourmetkuchen mit Pflaumen, Vanille und Mandeln (Altesse Double) 96
Dessertteller mit Pflaumen, Himbeermarmelade, Mascarpone, Tomaten und Tortilla-Chips (Queen Victoria) 102

Kirschen
Macarons de Paris (Pariser Makronen) (Summit) 112
Crème brulée mit Kirschen (Kordia) 114
Kirsch-Cupcakes (Bigarreau) 116
Gourmetkuchen mit Kirschen, Joghurt und Spekulatius (Coralise) 118
Dessertteller mit Kirschen und Baiser (Hedelfinger) 122
Bonbons aus Regina-Kirschen (Regina) 124
Lapins-Kirschen mit Kirschblütenmilch, Matcha-Kuchen und einer Ganache aus Cointreau und Gin (Lapins) 128

Pfirsiche, Aprikosen und Nektarinen
Aprikosen-Clafoutis (Bergeron-Aprikose) 136
Pfirsich-Cupcakes (gelber Pfirsich) 138
Nektarinenkuchen mit Erdbeermarmelade und Zitronenmakrone (Nektarine) 140
Mille-feuilles mit Aprikosen (Bergeron-Aprikose) 142
Beignets mit weißen Pfirsichen (weißer Pfirsich) 144
Aprikosen-Gourmetkuchen (Spring-Blush-Aprikose) 146
Aprikosenbrötchen (Perle-Cot-Aprikose) 150

Rote Früchte
Mascarpone, Yuzu-Creme und Makronen-Tuile (rote Walderdbeeren) 160
Pistazienkuchen mit weißen Walderdbeeren und Möhrenblüten (weiße Walderdbeeren) 162
Tarte aus Walderdbeeren mit Matcha und Limettencreme (rote und weiße Walderdbeeren) 164
Mürbeteiggebäck mit Erdbeeren, Mandeln und Pistazien (Gariguette-Erdbeeren) 166
Mille-feuilles mit Erdbeeren (Mara des Bois) 168
Himbeer-Charlotte (Tulameen) 170
Dessertteller mit Himbeeren und Kokosbiskuits (Polka) 172
Vollkornbiskuits mit Himbeeren, Müsli und Zitrone (Glen Clova) 174
Eis-Lollis (Elsanta) 176
Eistorte mit Schokolade, Vanille und Himbeeren (Glen Clova) 178
Bazooka-Kuchen mit Himbeeren (Tulameen) 182

Beeren
Mürbeteiggebäck mit Weißen Johannisbeeren und Feigen (Weiße Johannisbeeren) 192

Mürbeteiggebäck mit Heidelbeeren
  (Heidelbeeren) 194
Mürbeteiggebäck mit Stachelbeeren
  (Stachelbeeren) 196
Dessertteller mit dunklen Beeren
  (Brombeeren und Heidelbeeren) 198
Johannisbeeren mit Honig und Kakaopulver
  (Rote Johannisbeeren) 202

Rhabarber
Rhabarberkuchen (Rhabarber) 208
Dessertteller mit Rhabarber (Rhabarber) 211
Rhabarbermakronen mit Sanddorn (Rhabarber) 214

Grundrezepte
Mürbeteig 216
Plunderteig 216
Madeleineteig 217
Cremefüllung 217
Blätterteig 217
Makronenteig 217
Frangipancreme 219
Cupcake-Teig 219
Schokomakronen 219
Fruchtcreme 219
Bretonischer Mürbeteig 220
Creme mit Bier oder Cola 220
Marmeladenglasur 220
Aprikosenglasur 220

Rezepte: Kris Goegebeur
Text Foodpairing: SENSE for TASTE
Foodpairing ist ein eingetragenes Warenzeichen von SENSE for TASTE
Text- und Schlussredaktion: Marc Declercq
Übersetzung ins Deutsche: Dr. Wolfgang Hensel

Fotografie: Joris Devos,
außer S. 22, 26, 36, 42, 72, 88 und 91: Joris Devos und Andrew Verschetze;
sowie S. 32 und 33: Andrew Verschetze
Layout: Joris Devos

© 2012, Uitgeverij Lannoo nv. (für die Originalausgabe)
Titel der Originalausgabe: Patisserie met fruit
www.lannoo.com
© 2013, Becker Joest Volk Verlag (für die deutschsprachige Ausgabe)
ISBN: 978-3-95453-021-2

Alle Rechte vorbehalten. Das Werk, einschließlich all seiner Teile,
darf ohne schriftliche Genehmigung der Herausgeber weder reproduziert,
gespeichert noch vervielfältigt werden (elektronisch, elektrostatisch,
Magnetband, mechanisch, als Fotokopie, durch Aufnahme oder in einer
anderen Weise).

Das Papier für dieses Buch stammt aus nachhaltig bewirtschafteten Wäldern; unabhängig zertifiziert vom FSC
(Forest Stewardship Council).

BECKER JOEST VOLK VERLAG

www.bjvv.de